JESUS
LOVE

JESUS LOVE

© 나사로, 2024

초판 1쇄 발행 2024년 1월 29일

지은이   나사로
펴낸이   이기봉
편집   좋은땅 편집팀
펴낸곳   도서출판 좋은땅
주소   서울특별시 마포구 양화로12길 26 지월드빌딩 (서교동 395-7)
전화   02)374-8616~7
팩스   02)374-8614
이메일   gworldbook@naver.com
홈페이지 www.g-world.co.kr

ISBN   979-11-388-2736-2 (04230)
ISBN   979-11-388-2733-1 (세트)

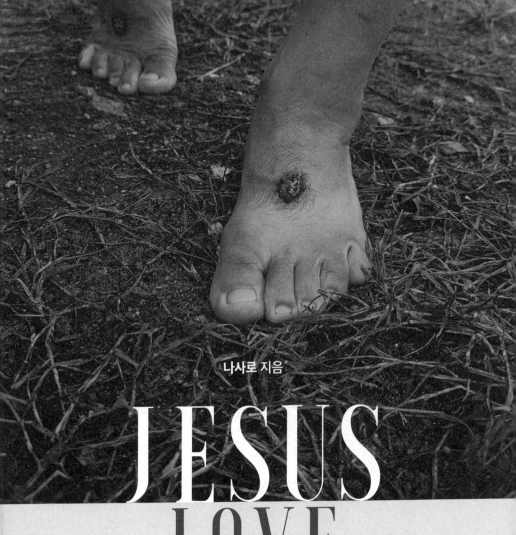

The Most Biblical Jesus Drama

나사로 지음

JESUS
LOVE

예 수 님 사 랑

좋은땅

목차

말씀의 씨

AD 27년 10월경 초막절 어느 날 늦은 밤에 갈릴리 지방의 자그마한 마을 가버나움에 사는 대다수 유대인은 초막절을 지키려고 예루살렘으로 갔기에 마을은 유난히 한적했다. 그곳에는 로마군 백부장 유스도 지휘하에 100여 명의 군병이 가버나움의 치안을 담당하기 위해 주둔하고 있었다.

병영에서 보초 서고 있던 한 군병이 피곤한 듯 기지개를 켜며 투덜거리면서,

"유대인들은 다 예루살렘으로 떠나서 그런지 한가하니 우리도 적당히 쉬엄쉬엄하세."

다른 군병이 투덜거리는 군병의 어깨를 툭 치며,

"백부장님이 이럴 때일수록 조심하라고 하시질 않았는가.
자, 어서 자네는 오른쪽으로 나는 왼쪽으로 한 바퀴 돌고 오세."

보초병들은 횃불과 창을 들고 부대를 돌기 시작했다. 한편 이스라엘을 로마로부터 무력으로 구하겠다는 열심당원들은 로마군의 방심을 틈

타 병영의 말들을 훔치기로 했다. 그들 중 바라바는 병영 안으로 숨어 들어 말을 훔치고 시몬은 밖에서 망을 봤다.

바라바가 옆구리에 차고 있던 칼에 손을 대며,
"나는 들어가서 말을 훔칠 테니 자네는 길목에서 망보다가 누가 오면 신호를 보내게."

시몬이 바라바 손을 잡으며,
"잘못해서 잡히면 십자가에서 혹독한 죽음을 면치 못할 것이니 조심하게."

바라바는 고개를 끄떡이며 괜찮다는 듯,
"내가 어디 한두 번 말을 훔쳤는가.
그래도 혹 내가 잡히면 자네는 빨리 도망가야 하네."

바라바가 짙은 어둠을 틈타 병영의 담을 넘어 말들이 있는 곳으로 몸을 숙여 가다가 병영을 돌던 보초병과 마주쳤다.

바라바가 칼을 잽싸게 빼니 보초병이 큰 소리로,
"침입자다! 침입자다!"

보초병은 창으로 바라바와 맞서 싸우다가 바라바 칼에 맞고 쓰러졌다. 그때 싸우는 소리를 듣고 달려온 군병들이 바라바를 둘러싸고 창을 들이대니 바라바는 어쩔 수 없이 칼을 버리고 그 자리에서 잡혔다.

백부장 유스도가 군병들에게 크게 소리치며,
"병영 안팎 주변을 샅샅이 뒤져라!
분명히 일당이 더 있을 것이다!
절대 놓쳐서는 안 된다, 알았나!"

"네!"

군병들은 사방으로 뛰면서 흩어졌다. 시몬은 병영 안에서 일어나는 소리를 듣고 급히 도망갔다.

그 모습을 본 군병들이 시몬을 쫓아가며,
"저기다, 저기! 저놈 잡아라! 저놈 잡아라!"

시몬은 쫓아오는 군병들을 피해 어느 집의 담을 넘어 들어갔다. 그런데 그 집은 마침 유대인들이 로마의 앞잡이 노릇을 한다며 죄인 취급하는 세리 마태 집이었다. 마침 바깥 시끄러운 소리로 집 안에서 나오던 마태는 시몬과 마주쳤다. 마태는 당황하며 뒤로 물러섰다.

마태가 놀란 표정으로,
"누구요, 누구? 당신은 왜 남의 집에 들어온 것이요?"

시몬이 칼을 빼 들며,
"쉬, 조용히 해라, 아니면 이 칼이 네 목을 칠 것이다."

시몬이 마태를 알아보고 실망한 표정으로,
"아니, 너는 세리 마태?
이런, 이런, 하필 세리 집이라니…."

칼을 마태의 목에 갖다 대며,
"나는 열심당원이다.
지금 나는 로마 개들에게 쫓기고 있다.
세리인 너에게도 유대인 피가 흐른다면 나를 숨겨다오."

마태는 침착하게 시몬의 칼을 밀어내며,
"내 비록 로마를 위해 세금은 걷고 있어도 나도 아브라함 자손이요.
자, 나를 따라와 뒷방에 숨으시오."

마태가 뒷방으로 안내하니 시몬이 칼을 칼집에 넣으며,
"고맙소, 나는 당신이 세리라 로마 개들의 앞잡이 노릇이나 하는 줄 알았소
만 이리 숨겨 주니 고맙소."

마태가 뒷방 문을 조심스레 닫고 나오자 밖에서 백부장과 군병들이 집
문을 두들기며,

"문 열어라! 문 열어라! 어서 문 열라고!"

마태가 주위를 살피며 천천히 문을 여니 군병들이 마태를 밀치며 들어왔다. 그리고 군병들은 즉시 집 안으로 들어가 구석구석을 살폈다.

유스도는 마태에게 다가와서,
"마태, 당신 집에 유대인 열심당원이 숨어들지 않았소?
그는 내 부하를 죽이고 달아난 폭도 중 한 놈이요."

마태가 깜짝 놀라 당황하며,
"부하를 죽였다고요?
아, 어찌 그런 일이….
우리 집에는 아무도 오질 않았소."

유스도가 두리번거리며 주변을 살피더니,
"당신은 세리라 유대인들이 원수로 생각하니 당신 집에 숨지는 않을 것이오."

유스도는 집 구석구석을 뒤지고 있는 군병들에게,
"자, 이곳은 됐으니 어서들 가자!"

시몬은 뒷방에서 칼을 빼 들고 문틈으로 상황을 지켜보고 있다가 군병들이 떠나자 그 자리에 풀썩 주저앉으며,

"아, 바라바가 잡혔으니 이 일을 어찌해야 하는가….
바라바가 잡히는 것을 보면 우리가 칼을 드는 것이 하나님 뜻이 아니란 말인가…."

다음 날 동이 트기 전 시몬이 주위를 조심스럽게 살피며,
"고맙소, 이스라엘이 로마로부터 해방되는 날 다시 만납시다."

마태가 시몬에게 먹을 것을 주며,
"세계를 정복한 로마를 무력으로 이길 수 없습니다.
요즘 예수라는 분이 이곳 가버나움에서 하나님 말씀을 전하고 있는데 그 하나님께 의지하며 열심히 기도하는 것이 우리가 해방되는 길인지도 모릅니다."

"그 예수라는 분은 누구요?"

"나도 그분에 대해 아는 것이 별로 없소만 듣기로는 나사렛 출신으로 한 오십쯤 되어 보이시는 분이라고 들었소."

[예수님께서는 30세이셨으나 겉모습은 50세쯤 나이가 많이 들어 보이셨다. 그 당시 평균 수명은 50이 되지 않았으니 노년으로 보이셨다는 뜻이다. 예수님 얼굴에는 고생하신 흔적의 깊은 주름들이 있었고 머리와 수염은 희끗희끗했으며 당시 남자의 긴 머리는 수치라서 짧은 머리

이셨다.]

마태와 시몬은 서로 안으며 인사를 한 후 시몬은 서둘러 마태 집을 떠났고 마태는 주위를 살피며 들어갔다. 한편 바라바는 병영 나무에 밧줄로 묶여 심문을 받았다.

유스도가 엄한 목소리로,
"네 동료는 어디 있느냐?"

바라바가 단호한 얼굴로,
"내 목을 친들 동료가 있는 곳을 내가 말할 것 같으냐!"

바라바가 땅에 침을 뱉으며 큰 소리로,
"너희 로마 개들은 반드시 우리 칼에 무너질 것이다!"

바라바 옆에 있던 군병이 창 뒤끝으로 바라바 배를 쳤다.

유스도가 일어서며,
"그만해라, 저놈이 맞는다고 뭐가 달라지겠느냐."

유스도가 아직 말을 하고 있을 때 유스도 집의 한 하인이 병영 안으로 급하게 뛰어들어왔다.

하인이 숨을 가쁘게 내쉬며,

"백부장님! 백부장님! 요셉이 중풍으로 쓰러졌습니다."

유스도가 깜짝 놀라며,

"뭐라고? 요셉이 쓰러졌다고? 그래, 어서 가 보자!"

유스도 옆에 서 있던 부하가,

"백부장님, 저놈은 어떻게 할까요?"

유스도가 바라바를 쳐다보며,

"저놈은 얼마 후 예루살렘 천부장에게 보내야 한다.
거기서 재판받아 십자가에 달릴 것이니 일단 감옥에 가두고 잘 지켜라."

유스도가 급히 떠나는 모습을 보고 군병들이 수군거리며,

"백부장님이 폭도를 심문하다 말고 급히 가는 것을 보면 유대인 종을 꽤 아끼
시는 모양이네."

"그럼, 백부장님은 그 유대인 종을 마치 친동생같이 생각한다네."

유스도가 급히 집에 도착하니 가족들과 하인들이 걱정스러운 표정으
로 유스도를 맞이했다.

유스도가 주위를 돌아보며,

"그래, 요셉은 지금 어디 있느냐?"

한 하인이 뒤쪽을 가리키며,

"뒷방에 누워 있습니다."

유스도는 중풍으로 쓰러져 신음하고 있는 요셉에게 가서,

"요셉아, 좀 어떠냐?"

요셉이 누운 자리에서 몸을 일으키려 애쓰며,

"네, 주인님, 잘 움직일 수는 없어도 견딜 만합니다."

유스도가 요셉 손을 잡아 주며,

"그냥 누워 있어라. 그러나저러나 이거 큰일 났구나.
이곳 가버나움에는 마땅한 의원도 없고 그렇다고 요즘 부쩍 폭도들이 날뛰
고 있어 자리를 비우고 다른 곳에 가서 의원을 모셔올 수도 없고…."

유스도는 밤새 요셉 곁을 지키며 간호했다.

아침 해가 떠오를 때 한 군병이 허겁지겁 달려와서,

"백부장님, 바닷가에 많은 사람이 모이고 있습니다!"

유스도가 벌떡 일어나며,

"얼마나 모이는 것 같으냐?"

"족히 수백 명은 넘는 것 같습니다."

유스도가 옆에 있던 칼을 차며,

"나는 그곳으로 직접 갈 것이니 너는 어서 병영으로 돌아가서 보초들만 남으라 하고 나머지는 바닷가로 서둘러 오라고 해라."

유스도가 갈릴리 바닷가에 도착하니 군병들도 이어서 왔다. 그곳에는 많은 사람이 이미 와 있었다. 그들 중에는 마태와 시몬도 얼굴을 가리고 예수님 말씀을 듣고 있었다.

예수님께서 바다를 뒤로하시고 크신 소리로,

"사람은 칼로 자유를 얻는 것이 아니다!

사람은 하나님 말씀을 듣고 진리를 깨달아 진정한 자유를 얻는 것이다!

칼로 흥한 자는 칼로 망하나 하나님 말씀으로 자유를 얻는 자는 영생을 누린다.

어제도 오늘도 내일도 변함이 없으신 하나님과 그분께서 보내신 나를 믿는 것이 곧 영생이다.

내가 곧 영원한 곳으로 가는 길이요,

영원한 것을 알 수 있는 진리요,

영원히 사는 생명이다!"

마태가 예수님 말씀을 듣고 하늘을 보며,
"아, 저분이 말씀하시는 진리와 자유는 무엇인가….".

시몬이 예수님 말씀을 듣고 땅을 보며,
"아, 칼은 버리고 진리로 자유를 얻으라니 나는 어찌해야 하는가….".

유스도가 예수님 말씀을 듣고 주변을 살피며,
"음, 저분 말씀을 듣고 사람들이 폭동을 일으킬 것 같지는 않은데….
왠지 저분 말씀을 들으니 가슴이 벅차오르고 뛰는 것이 이상하구나….".

하늘을 사모하는 세리 마태 마음에도, 땅을 쫓는 열심당원 시몬 마음
에도, 주변을 감시하는 백부장 유스도 마음에도 각각 다른 모양으로
예수님 말씀의 씨가 뿌려졌다.

은혜와 사랑

AD 28년 1월 어느 날 이른 아침 가버나움에 심한 중풍으로 죽어가는 나훔이란 환자가 있었다.

그가 친구들을 불러 간절한 목소리로,
"친구들, 나는 이 병으로 곧 죽을 것만 같네.
그런데 자네들도 세례 요한이 외치는 소리를 듣질 않았나. 예수라는 분이
이 세상 죄를 지고 가는 하나님의 어린 양이라고."

친구들이 나훔을 조심스럽게 일으켜 앉히며,
"그럼, 우리도 그 소리를 여러 번 들었지."

"마침 그분께서 이곳으로 오고 계신다고 하니 미안하네만 자네들이 나를
그분께 좀 데려다주게.
이 병이 나을 수는 없겠지만 죽기 전에 어떻게 해서든 죄라도 용서받을 길
이 있는지 알아보고 싶은 심정일세.
죽어서 음부에 떨어지는 저주라도 면할 수 있는지는 꼭 알고 싶네…."

한 친구가 옆에 있는 들것을 보며,

"우리가 사람들을 불러 자네를 들것에 실어서라도 그분이 계신 곳으로 꼭 데려가겠네."

나훔이 밖에 나갈 때 쓰는 들것이 있었는데 그 네 귀퉁이에는 한 사람씩 잡을 수 있도록 긴 막대기 두 개가 좌우에 끼어 있고 앞뒤 좌우 끝에 긴 줄이 묶여 있어 드는 사람 어깨에 감아 들게 돼 있었다. 친구들은 밖으로 나가 네 사람을 불러와 나훔을 침상 채 들것에 눕혀 들게 해서 예수님 계신 집으로 향했다. 예수님께서도 이곳저곳에서 전도하시다가 가버나움 집으로 오고 계셨다. 한편 백부장 유스도 명령에 따라 두 군병은 늘 예수님과 주변 사람들을 따라다니며 감시했다.

그중 한 명이 중풍으로 쓰러진 요셉을 돌보고 있던 유스도에게 뛰어와서 보고하며,

"백부장님, 예수라는 유대인 선생이 이곳으로 오고 있는데 이번에도 많은 사람이 따르고 있습니다."

유스도가 일어나 칼을 차며,

"이번에는 어디로 가는 것 같으냐?"

"그 선생 집으로 가는 것 같은데 그래도 많은 사람이 사방에서 모이고 있습니다."

"음, 그렇다면 내가 무장한 차림으로는 그 집에 들어가 동태를 살피기가 어려우니…."

유스도가 옆에 있는 하인에게,
"너는 가서 내 평복을 가져와라."

평복으로 갈아입은 유스도가 집을 나서며 혼잣말로,
"이번에는 가까이서 그 선생이 하는 말과 주변 사람들을 잘 살펴보는 것이 좋을 것 같군…."

유스도가 따라오는 군병에게,
"너는 부대로 가서 이 일을 십부장에게 잘 설명하고 군병 열 명과 함께 그 집 밖에서 내 지시를 기다리도록 해라. 나는 집 안에서 동태를 살피다가 이상하다 싶으면 너희에게 신호할 테니 그때 집으로 들어오면 된다."

예수님과 제자들이 함께 지내는 가버나움 집에는 제법 큰 거실이 있었다. 예수님께서 그 집에 들어가시니 많은 사람이 따라 들어왔다. 예수님께서 거실 안쪽 중앙에 앉으셨고 예수님 가까이에는 제자들과 바리새인들과 율법사들 그리고 뒤쪽에는 여인들과 아이들이 앉았다.

가버나움의 바리새인 시몬, 바리새인 라반, 율법사 시므이, 회당장 야이로는 앞쪽에 있었다. 그리고 맨 뒤쪽 한편에는 세리 마태가 열심당원 시몬과 함께 있었고 다른 한편에는 평복으로 위장한 백부장 유스도 도 있었다. 뒤쪽에 있는 여인 중 야이로의 아내와 외동딸, 나인성의 과부 도르가와 외아들도 있었다. 집안은 사람들로 가득 차 더는 들어올 수 없어서 많은 사람이 집 밖에서 서성거렸다.

그 집으로부터 꽤 떨어진 한쪽 구석에는 막달라 마리아가 예수님 계신 곳을 바라보고 있었다. 이 마리아는 고향 베다니에서 예수님을 뵌 적이 있었는데 어느 날 갑자기 일곱 귀신들려 고향 떠나 막달라에서 창기로 살고 있었다. 또 다른 한쪽 구석에는 12년 동안 혈루증으로 고생하는 요안나가 사람들에게 가까이 올 수 없는 처지라 멀리서 예수님 계신 곳을 바라보고 있었다. 그때 중풍병자 나훔이 들것에 실려 와서 예수님 계신 집으로 들어가려 했으나 사람들이 너무 많아서 들어갈 수 없었다.

나훔이 친구들에게 간절한 표정으로,
"친구들, 기왕 여기까지 왔으니 옥상에 올라가 지붕을 뚫어서라도 나를 예수님 계신 곳에 좀 내려줬으면 하네.
내 마지막 소원일세…."

앞쪽에 가던 친구가 지붕 쪽을 바라보며,
"자네를 내릴 정도의 크기라면 지붕을 상당히 크게 뚫어야 하고 시간도 꽤 걸릴 텐데…."

뒤쪽에서 따라오던 친구들이 난감한 표정을 지으며,
"지붕을 뜯기 시작하면 분명히 집 안에 있는 사람들이 지붕을 뚫지 못하도록 방해할지도 모르고 그분이 지붕을 뚫고 내려오는 동안 기다려 주실지도 모를 일이고…."

한 친구가,
"자, 자, 이 친구가 이리도 간곡하게 원하니 일단 우리가 믿음으로 온 힘을 다해 지붕을 뚫어 보세."

뒤쪽 친구가 재촉하며,
"그래, 우리가 믿음으로 여기까지 왔으니 어서 올라가 그분이 계실 만하신 곳의 지붕을 뚫어 보세."

나훔이 양쪽 친구들 손을 꼭 잡으며,
"고맙네, 친구들, 내 소원을 들어줘서 정말 고맙네."

그들이 집 뒤쪽 계단을 통해 옥상으로 올라갈 때 예수님께서 머리 위 천장을 보시고 방 뒤쪽의 마태, 시몬, 백부장, 과부, 야이로 아내도 보시며 오늘 있을 은혜와 앞으로 일 년간 있을 은혜를 생각하시고 아버지 사랑에 감사하셨다.

예수님께서 크신 소리로,

"의사는! 건강한 자가 아닌 병든 자에게 필요한 것이다.

나는 스스로 의인이라는 자들을 부르러 온 것이 아니라 자신을 죄인이라며

애통해하는 자들을 위로하러 왔다!"

예수님께서 머리 위 천장을 바라보시며,

"자신 죄에 신음하며 애통하는 자는 천국 위로를 받는다!

진실로 진실로 내가 너희에게 말하노니 잘 새겨들어라!

이미 때가 차서 천국이 너희에게 가까이 와 있으니 회개하고 복음을 믿어라!"

예수님께서 서 계신 곳의 위쪽 지붕이 뜯기고 천장에 구멍이 나며 흙
가루가 예수님 머리 위에 떨어졌다.

당황한 베드로가 지붕 쪽을 향해 큰 소리로,

"우리 선생님께서 말씀하고 계시는데 뭐 하는 겁니까?"

바리새인 시몬, 바리새인 라반, 율법사 시므이, 야이로, 유대인 장로들
도 서로 얼굴을 보며 어처구니없어했다.

시몬이 손가락으로 뚫린 천장을 가리키며,

**"예수라는 저 선생이 뭐가 그리 대단하다고 지붕까지 뚫으며 내려오겠다
는 건가?"**

야이로는 한숨을 쉬며,

"하나님 말씀이 전해져야 할 이곳에서 지붕은 뜯기고 이렇게 소란스러우니 내가 너무 큰 기대를 했나 보군.

그럼 그렇지, 나사렛에서 선지자가 나올 리가 없지."

율법사 시므이는 잘됐다는 듯 벌떡 일어나서,

"이 모임은 이것으로 끝이다, 끝!"

그러나 나훔과 친구들의 믿음과 소원을 아시는 예수님께서는 그들 행동을 불쾌하게 여기지 않으셨다. 오히려 기다리셨다는 듯 그 자리에 그대로 서신 채 머리의 흙가루를 가만히 터셨다. 나훔이 들것에 누운 채 내려올 정도로 그들이 지붕에 큰 구멍을 뚫기까지는 꽤 시간이 걸렸다.

예수님께서 뚫린 천장 쪽을 향해 내려오라고 자상하게 손짓하시며,

"나는 병에 지치고 죄에 신음하는 자들을 위해서 왔다.

하나님 나라가 너희에게 가까이 와있으니 하나님 위로를 구하는 자는 위로를 받을 것이다!

자, 너희는 조심해서 나훔을 천천히 내리도록 해라."

예수님께서 웅성거리며 투정하고 있는 사람들에게 조용히 하라고 손짓하시며,

"너희는 잠자코 아버지께서 하시는 큰일을 봐라!
아버지께서는 은혜와 사랑이 많으신 분이다."

한동안 열심히 지붕을 뚫은 친구들과 네 사람은 들것의 네 귀퉁이 끈
을 잡고 들것에 누워 있는 나훔을 뚫린 지붕을 통해 예수님 앞에 조심
스럽게 내렸다. 이때 지붕을 손으로 뜯은 탓에 지붕 위에서 균형 잡기
가 어려워 들것이 흔들리며 내려왔다. 그렇다고 침상을 내리는 사람이
몸을 앞으로 숙여 아래를 보면서 내렸다가는 지붕이 무너지거나 내리
던 사람이 지붕 밑으로 떨어질 위험이 있었다. 그때 예수님께서 두 손
으로 내려오는 들것을 잡으셔서 흔들리지 않도록 했다. 들것을 집 바
닥까지 조심스럽게 내려주시는 예수님께서는 자연히 한쪽 무릎을 꿇
게 되셨다. 예수님의 무릎 꿇으시는 모습을 본 사람들이 매우 당황하
며 수군거렸다.

시몬이 사람들을 보며,
"아니 선생이라는 분이 사람들 앞에서 무릎 꿇다니…."

야이로는 자기 머리를 감싸며,
"이런, 이런, 사람들에게 머리 정수리를 다 보이시네…."

시므이는 혀를 차며,
"쯧쯧, 저분은 체면도 자존심도 없는 분일세."

라반이 고개를 돌리며,

"사람들 앞에서 무릎 꿇고 정수리까지 보이는 저런 모습은 유대인으로서 수치야, 수치라고."

그러나 예수님께서는 그들 말에 아랑곳하지 않으셨다.

예수님께서 한쪽 무릎을 꿇으시고 고개를 숙이신 채 바닥에 누워 있는 나훔 얼굴을 자상하게 보시며,
"나훔아, 그동안 고생이 참 많았구나.
너와 네 친구가 지붕을 뚫어서라도 내게 오려고 하다니 너희들 믿음이 참으로 크다.
자, 이제는 네가 그토록 근심하던 네 죄는 용서받았으니 안심해도 된다."

누워 있던 나훔과 지붕 위에서 이 모습을 지켜보던 친구들은 예수님께서 나훔이 그토록 소원하던 죄 용서를 말씀하시므로 깜짝 놀랐다.

나훔이 고개를 들고 몸을 일으키려고 애쓰며,
**"주님, 감사합니다, 감사합니다!
제 죄가 용서를 받았다고 하시니 이젠 죽어도 여한이 없습니다."**

한 친구가 지붕 위에서 무릎 꿇으며,
"예수님, 저 친구가 그토록 애통해하던 죄를 용서해 주시니 정말 감사합

니다.”

다른 친구도 무릎 꿇으며,
“저희는 주님께서 말씀하실 때 무례하게도 지붕까지 뚫어 흙가루가 주님 머리에 떨어지고 사람들은 아우성이었는데 주님께서는 저희를 받아 주셨습니다.
감사합니다, 감사합니다, 주님.”

나훔과 친구들 얼굴에는 감사의 눈물이 가득했다. 그러나 바리새인들과 율법사들은 놀라고 기막힌 표정으로 서로의 얼굴을 보며 수군거렸다.

시몬이 자신의 가슴을 치며,
“하나님을 모독하는 저 사람은 누구인가?”

야이로는 고개를 숙였다가 뚫린 지붕을 통해 하늘을 바라보며,
“하나님 한 분 이외 누가 죄를 용서할 수 있다는 말인가?
오, 하나님 어찌 이런 일이….”

시므이는 예수님을 손으로 가리키고 다른 율법사들을 보며,
“아니, 저, 저 선생….
자신을 하나님이라고 착각하는 거 아냐?

이건 신성모독이다, 신성모독이야!"

시몬이 어처구니없는 표정으로 사람들을 보며,
"저 중풍병자와 지붕 위에 있는 사람들 표정을 좀 보게.
마치 죄라도 용서받은 양 기쁨을 감추지 못하는군."

야이로는 의아해하며,
"저 중풍병자는 병 고치러 온 것이 아니었던가?
그런데 죄를 용서받았으니 안심하라고 하니….
이는 무슨 뜻인가?"

시므이가 빈정거리며,
"말로만 죄를 용서하여 용서된다면 누군들 못 하겠나.
말장난이야, 말장난이라고."

라반이 혀를 차며,
"한 사람은 말장난하고 저들은 착각하는 거라고."

예수님께서 그들의 수군거림을 아시고 일어나시며,
"너희는 뭐가 그렇게 불만이기에 서로들 수군거리느냐?
너희 마음은 완악해서 하나님 사랑도 하나님 능력도 모르고 있다."

예수님께서 뒤쪽의 마태와 시몬과 유스도를 보시고 또 앞쪽의 사람들도 보시며,

"수군거리는 너희들에게 물을 테니 답변해 보아라.

지붕까지 뚫으면서 내려주고 또 누운 채로라도 내려오겠다는 믿음은 무엇을 소원하며 내게 왔느냐?

죄를 용서받고 싶은 간절함에서 내게 왔느냐?

아니면 단순히 병만 고치고 싶어서 내게 왔느냐?

그리고 너희는 뭘 보고 듣고자 내게 왔느냐?"

예수님께서 지붕 쪽과 집 안 사방을 둘러보시며,

"네 죄가 용서받았다는 말과 일어나 걸어가라는 말 중에 너희들은 어느 말이 더 쉽다고 생각하느냐?"

예수님 말씀에 그들은 아무도 답변을 못 하고 다만 서로를 쳐다보며 수군거렸다.

라반이 어처구니없는 표정으로,

"아니 저 선생! 지금 우리를 시험하는 거야 놀리는 거야?

죄가 용서받았다고 말해 봐야 눈에는 보이지 않으니 용서받았는지 안 받았는지 그 누가 알 수 있겠나?"

시므이도 맞장구를 치며,

"그러나 일어나 걸어가라는 것은 눈으로 확인할 수 있으니 하나님 도우심 없이는 일어날 수 없는 기적이지…."

시몬이 고개를 갸우뚱거리며,
"당연히 말로만 용서받았다고 하는 것이 일어나 걸어가라는 것보다 쉽지 않을까….
그러나 함부로 대답하면 망신당할 수 있으니 즉답은 피하는 것이 좋겠소."

그들이 대답을 피하고 서로 얼굴만 쳐다보니 예수님께서 단호하신 어조로,
"인자인 내가 이 땅에서 죄를 용서하는 권세가 있음을 오늘 이 자리에서 너희로 알게 하겠다!"

그리고 나홈을 자상하게 보시며,
"너는 일어나 침상을 가지고 어서 집으로 가거라."

나홈이 몸을 일으켜 앉으며 팔다리도 움직여 보고 몸도 만져 보다가 기운이 도는 것을 느끼고 놀라서 벌떡 일어났다.

나홈이 예수님께 큰 소리로,
"주님, 제 팔다리는 움직이고 몸에는 생기가 가득합니다.
이렇게 제가 두 다리로 섰습니다.

감사합니다, 감사합니다, 주님!"

예수님께서 나훔을 안아 주시고 등을 두드리시며,
"너희들 믿음이 너를 구원했으니 안심하고 가거라.
너를 기다리는 가족들에게 어서 가야 하질 않겠느냐."

나훔이 일어나서 들것을 가지고 문 쪽으로 걸어갔다.

사람들이 깜짝 놀라며.
"세상에 이럴 수가….""

"역사 고금을 통해 중풍병자가 말씀 한마디로 일어나 걸어갔다는 것은 듣
지도 보지도 못한 일일세."

시몬이 나훔을 보고 또 예수님을 보며,
"중풍병자가 일어나 걸어가다니….
그렇다면 죄도 용서받았다는 말인가!"

사람들이 큰소리로 외치며,
"오, 하나님께서 하신 일이야! 하나님 영광이라고!
이는 실로 두렵고 놀라운 일이다!"

야이로는 고개를 갸우뚱하며 혼잣말로,

"저분은 왜 처음부터 병을 고쳐 주지 않으셨을까?

왜 먼저 죄가 용서받았다고 하셨을까?

그렇다면 죄의 용서와 병의 고침 중 그 어느 것이…."

잠시 생각에 잠겨 가만히 고개를 숙이고 있던 야이로가,

"만일 중풍병자였던 사람의 죄가 진정으로 용서받았다면 당연히 병 고침이 죄 사함보다 한없이 쉬운 일이오."

모두가 야이로 말에 깜짝 놀랐다.

야이로는 뚫린 지붕을 통해 하늘을 보고 예수님을 보며,

"천지 만물을 말씀으로 창조하신 하나님께서 원하시면 병 고침 정도야 뭐 그리 어렵겠소.

그러나 죄 사함을 위해서는 반드시 피 흘림의 대가가 있어야 한다고 하나님께서 성경을 통해 누누이 말씀하셨소."

시몬이 고개를 끄떡이며,

"그거야 성경에 여러 번 기록된 말씀이니 여지가 있겠소.

죄인이 용서를 받으려면 죄인 대신 누군가가 생명인 피로 그 죄의 값을 치러야 한다고 하셨지요."

야이로가 그들을 둘러보며,

"중풍병자가 저분 말씀 한마디에 일어나 걸어간 것을 우리는 두 눈으로 확인했소.

그것이 만일 저분께서 죄 용서의 권한이 있음을 증명하는 것이라면 이는 무슨 의미겠소….."

야이로가 예수님을 바라보며 혼잣말로,

"아, 저분은 누구신가?

저분이 세상 죄를 지고 피를 흘리는 하나님의 어린 양이라고 세례 요한이 그토록 외쳤는데….

죄를 용서하실 수 있는 분이라면 그리스도란 말인가?"

그때 예수님께서 자상하신 얼굴로 뒤쪽에서 놀라고 있는 세리 마태, 열심당원 시몬, 백부장 유스도, 과부 도르가, 야이로의 아내를 보셨다.

예수님께서 크신 소리로,

"새 포도주는 새 부대에 담아야 한다!

천국에 가려면 너희 각자는 성령과 물로 거듭나야 한다!

아버지께서는 하나님 영과 하나님 말씀으로 예배드리는 아버지 자녀들을 찾고 계신다!

삶에 지치고 죄에 눌린 자들은 다 내게로 와라!

내가 너희를 쉬게 하리라!"

집 문을 나서는 마태, 시몬, 유스도, 바리새인 시몬, 야이로 그리고 도르가, 야이로의 아내는 왠지 두렵고 떨리는 마음으로 예수님 쪽을 몇 번이고 뒤돌아봤다.

(이날 이후로 예수님께서 이들 모두를 차례대로 각각 부르시고 만나셔서 큰 은혜와 큰 사랑을 베풀어 주셨다.)

마태는 집을 나서자 한쪽 구석으로 가서 하늘을 향해 가슴을 치며,

"오, 하나님. 저분은 누구십니까?

저분 말씀이 제 가슴을 찌릅니다.

오, 주님, 저 같은 죄인도 용서받을 수 있나요?

저 같은 죄인도 성전에 들어가 예배드릴 수 있나요…."

유스도도 군병들에게 돌아가라고 손짓하며 혼잣말로,

"저분은 폭동을 일으킬 것 같지는 않군.

그런데 저분은 말씀만으로 중풍병자를 고치시니 내 사랑하는 종 요셉의 중풍도 고치실 수 있을 텐데.

아, 그런데 저분은 늘 유대인들에게 둘러싸여 계시니 이방인인 나를 환영할 리도 없고….

저분을 우리 집에 모시자니 이방인 집에 오는 것은 꺼리실 것이고….

이럴 수도 저럴 수도 없어 안타깝기만 하구나."

바리새인 시몬도 다른 바리새인들과 돌아가며,

"저분을 조만간 우리 집에 초대할 테니 자네들도 오게나.
저분이 하시는 언행이 율법에 맞는지 안 맞는지 좀 더 자세히 지켜볼 필요가 있는 것 같네."

야이로도 문밖을 나서며 예수님을 한 번 더 바라보면서,
"하나님 능력이 저분과 함께하심은 알겠어도 나사렛 출신이라는 것 외에는 아는 바가 없질 않은가?
저분에 대한 요한 증언도 그렇고 이스라엘 선생 니고데모도 한밤중에 저분을 찾아갔으니 저분은 선지자 중 한 분이심은 분명한 것 같은데…."

예수님을 찾아왔던 사람들이 모두 돌아갈 때까지 예수님께서 그들의 뒷모습을 지켜보셨다. 예수님과 제자들만 그 집에 남게 되자 예수님 주위에 제자들이 둘러앉았다.

베드로가 조심스럽게,
"주님, 왜 처음부터 중풍병자를 고쳐 주시지 않고 먼저 안심하라고 하시며 죄가 용서받았다고 하셨는지요?"

예수님께서 제자들을 두루 보시며,
"너희는 잘 새겨들어야 한다.
누구든지 나를 믿는 자는 용서받고 영생을 누리라고 아버지께서 나를 보내셨다.

나훔이 나를 찾아온 것은 죄로 인한 죽음의 불안 때문에 왔으므로 먼저 안심하라고 하며 죄를 용서했다.

병든 몸으로 천국에 들어가는 것이 건강한 몸으로 지옥에 떨어지는 것보다 낫지 않겠느냐?"

예수님께서 그 자리에서 일어나시며,

"천국 복음이란 죄로 죽을 자들이 하나님 어린 양의 피로 용서받아 죽음도 병도 없는 곳에서 영생을 누리는 것이다. 나를 보내신 아버지 하나님을 믿고 또 나를 믿는 것이 곧 영생이다."

그로부터 얼마 후 마태는 평상시와 같이 가버나움 입구에 앉아 외지로부터 가버나움으로 들어오는 사람들에게 통행세를 받고 있었다.

동료 세리들이 마태에게,

"마태, 자네는 워낙 기록을 잘하니 로마 관원들에게 책잡힐 일은 없어 좋겠소.

자네는 상세히 기록하며 일을 열심히 잘하기로 소문이 자자하지."

마태가 고개를 절레절레 저으며,

"나는 그저 사실 그대로 그날그날 적어 보고할 뿐이네."

그때 예수님과 제자들은 이 마을 저 마을 전도하러 다니다가 가버나움으로 돌아오고 있었다.

마태는 마을로 들어오는 예수님과 제자들을 보고는 고개 숙이고 중얼
거리며,
**"저분은 중풍병자에게 안심하라 하시고 죄를 용서하시며 일어나 걸어가라
고 하신 그분이 아닌가!
나는 저분을 뵐 처지가 못 되는데…."**

이때 성격이 급하고 불같은 야고보와 요한이 예수님보다 한걸음 앞서
서 마태에게 통행세를 내러 왔다.

야고보가 일행의 통행세로 동전 몇 개를 마태 앞에 던지며 퉁명스럽게,
"유대인으로 태어나 할 짓이 없어서 동족의 피를 빨아 로마에 바치다니…."

요한이 마태와 그 동료들을 보며,
"하나님께서는 저런 세리 죄인들을 왜 그냥 놔두시는지 모르겠단 말이야…."

예수님께서 가까이 오셔서 야고보와 요한을 나무라시며,
**"그만해라. 세리도 세리 나름대로 고통과 외로움이 있다.
마태는 유대인으로서 갈등하고 괴로워하며 마지못해 세리 일을 하고 있을
뿐이다."**

예수님께서 마태 어깨에 손을 얹으시며,

"마태야, 너도 나를 따라오너라.

이제부터 네가 하늘나라를 위해 큰일을 해야겠다."

마태가 깜짝 놀라 그 자리에서 벌떡 일어나며,

"저 같은 죄인이 하늘나라에 무슨 쓸모가 있겠습니까?"

예수님께서 마태 어깨를 두드려주시며,

"마태야, 너는 뭐든 기록을 잘하지 않느냐?

너는 나와 함께 다니며 하나님께서 하시는 큰일들을 하나하나 잘 기록하면

된다."

예수님 부르심에 감격한 마태는 예수님과 제자들 그리고 이를 옆에서

지켜보던 열심당원 시몬을 집으로 초대하며,

"주님, 괜찮으시다면 주님과 제자들을 저희 집에 모셔서 식사라도 대접하

고 싶습니다."

예수님께서 환하게 웃으시며,

"허허, 그래, 그렇게 하자.

우리 모두를 네 집에 초대해 주니 고맙구나."

예수님께서 제자들과 함께 마태 집에 앉으셔서 음식을 드실 때 마태의

동료 세리들도 같이 있었다.

예수님을 지켜보던 바리새인들이 그 모습을 보고 제자들에게 퉁명스
럽게,
"당신네 선생님은 왜 죄인 세리들과 함께 식사합니까?"

예수님께서 바리새인들이 말하는 것을 들으시고,
"너희는 아직도 성경도 내가 하는 말도 모르겠느냐?
하나님께서 기뻐 받으시는 제사는 상한 심령이다.
나는 너희같이 자칭 의인이라는 자들이 아니라 자신을 죄인이라며 애통해
하는 자들을 위로하러 왔다."

그때부터 세리 마태와 열심당원 시몬은 예수님을 따랐으며 마태는 예
수님의 말씀과 행적을 기록하기 시작했다.

예수님께서 중풍병자의 죄를 용서하시며 병을 고치신 후, 마태를 부르
시고, 백부장 종의 중풍을 고치시고, 나인성 과부의 외아들을 죽음에
서 살리시고, 바리새인 시몬의 집에서 죄 많은 여인을 용서하시고, 혈
루증 여인을 고치시고, 야이로의 외동딸을 죽음에서 살리셨다.

예수님 공생애 두 번째 해에 갈릴리 지방 가버나움에서 예수님을 가까
이서 뵌 사람들을 성경 순서대로 정리하면 이렇다. 중풍병자, 세리 마

태, 열심당원 시몬, 백부장, 나인성 과부와 외아들, 바리새인 시몬, 죄 많은 여인, 혈루증 여인, 야이로와 아내와 12살 외동딸. 이들은 모두 예수님의 크신 은혜와 아버지 하나님의 크신 사랑을 받았다.

하나님의 도우심

AD 28년 4월 유월절 어느 날 이른 아침. 예수님께서 제자들과 함께 예루살렘에 가셨다. 예루살렘의 열두 입구 중 하나인 양의 문 곁에는 베데스다라는 기둥 다섯 개의 연못이 있었다. 그곳에는 소경, 절름발이, 중풍병자 등 중환자들이 많이 있었는데 천사가 가끔 내려와 그 연못 물을 휘저어 물이 움직일 때 제일 먼저 연못에 들어가는 사람은 어떤 병도 다 나았다. 그곳에 38년 동안 중병으로 고생하는 엘르아살도 누워 있었다.

(베데스다 뜻은 '은혜의 집'이고, 엘르아살 뜻은 '하나님의 도우심'이다.)

예수님께서 엘르아살을 보시고 불쌍히 여기셔서,
"네가 아픈 지 꽤 오래됐구나.
엘르아살아, 네가 병이 낫기를 원하느냐?"

엘르아살이 예수님을 바라보고 손을 내밀며,
"네 선생님, 그러나 물이 움직일 때 저를 연못에 넣어 줄 사람이 없어 제가 기어서 가도 번번이 다른 사람이 먼저 들어갑니다."

예수님께서 몸을 숙여 엘르아살 손을 잡으시며,
"그래, 오랫동안 포기치 않고 천사를 기다리는 네 믿음이 참으로 기특하구나.
너는 이제 내 말을 잘 듣고 그대로 따라야 한다."

"네, 선생님, 말씀하시면 제가 따르겠습니다."

"오늘은 가족이 모두 모여 하나님의 구원을 감사하는 유월절이니 너는 하나님의 도우심으로 일어나 집으로 가라.
가족과 함께 하나님께 감사드리며 유월절을 잘 지내라."

예수님께서 말씀하시자 엘르아살은 곧 병이 그에게서 떠났음을 느끼고 예수님 손을 잡고 일어나 뛰기 시작했다.

그러다가 예수님과 눈이 마주치자 그 자리에 엎드리며,
**"주님, 저는 38년간 중병으로 고생했는데 주님께서 말씀 한마디로 저를 치료하셨습니다!
주님, 감사합니다, 정말 감사합니다, 주님!"**

예수님께서 그를 일으키시며,
"그래, 오랫동안 너도 네 가족도 참으로 고생이 많았다.
자, 어서 가서 가족과 함께 유월절을 잘 지내도록 해라."

엘르아살이 너무 감격하여 어찌할 바를 모르니 예수님께서 그의 등을
가볍게 미시며,
"자, 자, 네 자리를 들고 가족에게 어서 가거라."

그날은 마침 안식일이었는데 자리를 들고 가는 엘르아살을 본 유대인
들은 안식일 규례를 어긴다고 불쾌하게 생각했다.

그들이 엘르아살에게,
"오늘은 안식일이니 자리를 들고 가는 것은 옳지 않소."

엘르아살이 안식일이란 말에 주춤하며,
"나를 낫게 해 주신 분이 자리를 들고 가라고 했소."

유대인들은 영문도 모른 채 사방을 둘러보았으나 특별하게 보이는 사
람을 찾을 수 없자 퉁명스럽게,
"도대체 그런 말을 한 사람이 누구요?"

엘르아살도 사방을 둘러보며,
"실은 나도 그분이 누구신지는 모르오.
다만 내가 확실히 말할 수 있는 것은 그분이 내게 오셔서 38년 된 나의 병을
고쳐 주셨으며 또 내게 자리를 들고 가족에게 가라고 하셨다는 것뿐이오."

엘르아살이 두리번거리며 성전 앞을 거쳐서 집으로 가고 있는데 예수
님께서 그에게 오셔서,
"엘르아살아, 이제는 네가 다 나았으니 더 심한 병이 또 생기지 않도록 다
시는 죄짓지 말고 잘 살아야 한다."

엘르아살이 예수님께 반갑게 인사드리며,
"네, 네, 주님, 명심하겠습니다.
그런데 주님, 제사장들이 주님에 관해 물었습니다."

이를 지켜보던 제사장들이 예수님께 와서 불만스럽게,
"선생님, 안식일에 병을 고치고 또 자리를 들고 가라는 것은 옳지 않습니다.
율법에는 그런 것들을 엄격하게 금하고 있습니다."

예수님께서 그들을 안타깝게 여기시며,
"내 아버지 하나님께서 지금도 일하고 계시므로 나도 일하는 것이다."

한 제사장이 깜짝 놀라며,
"지금 선생님은 하나님을 아버지라고 하셨습니까?"

다른 제사장이 자신 옷을 찢으며,
"감히 하나님을 아버지라고 부르다니 이런 식으로 하나님을 모독해도 되
는 겁니까!"

예수님께서 율법에 갇혀 있는 그들을 안타깝게 보시며,
"너희는 참으로 잘 새겨들어야 한다.
하나님을 믿고 또 하나님께서 보내신 나를 믿는 사람은 하나님 자녀가 되
어 영원한 생명을 얻으며 하나님을 아버지라고 부른다."

제사장들이 큰소리로,
"우리는 아브라함의 자손입니다!"

"너희가 아브라함 자손이라면 아브라함같이 하나님 말씀에 순종하고 선한
일을 행하며 살아라.
선한 일을 행한 사람은 부활하여 영생을 얻으며 악한 일을 행한 사람은 영
원한 심판을 받는다!
누구든지 안식일에 선한 일을 하는 것은 옳은 일이다!"

예수님께서 옆에서 지켜보고 있는 엘르아살에게,
"엘르아살아, 너는 저들이 뭐라고 하든지 너를 기다리는 가족에게로 어서
돌아가라."

엘르아살은 예수님께 꾸뻑꾸뻑 몇 번이고 인사하며 갔고 제사장들은
불만스러운 표정을 지으며 성전 안으로 들어갔다. 그 후 예수님께서
성전을 떠나 제자들과 함께 밀밭 사이로 가실 때 제자들이 시장하여
밀 이삭을 잘라 비벼서 먹었다. 예수님을 따라다니며 예수님 언행에서

흠만 찾던 바리새인들이 기회가 왔다고 생각했다.

그들이 예수님께 다가와서,
"선생님, 선생님 제자들은 안식일에 해서는 안 될 일을 하고 있는데 왜 말리지 않고 가만히 있습니까?"

예수님께서 그들이 하나님 뜻도 성경 가르침도 모름을 심히 안타까워하시며,
"다윗과 그의 부하들이 시장할 때 한 일도 모르느냐?
다윗은 하나님 성전에 들어가서 제사장만 먹게 돼 있는 제단의 빵을 자기도 먹고 함께한 자들에게도 주었다.
나는 자비를 원하고 제사를 원치 않는다는 하나님 말씀의 뜻을 너희가 알았다면 지금처럼 얘기하지 않을 것이다."

예수님께서 주위 모두를 둘러보시며,
"내가 안식일의 주인으로서 너희에게 분명히 말한다!
사람을 위해 안식일이 있는 것이지 안식일을 위해 사람이 있는 것이 아니다!"

예수님께서 이 말씀을 하시고 밀밭을 지나 가까운 베다니 한 회당으로 들어가시니 그곳에 오른손이 굳은 사람이 있었다.

예수님께서 그를 주목하시니 유대인들이 예수님을 고발할 핑계를 찾으려고,

"선생님, 안식일에 병 고치는 것이 옳습니까?"

예수님께서 그들의 완악한 마음을 아시고,
"너희 중 어떤 사람에게 양 한 마리가 있다고 하자.
그런데 만일 안식일에 그 양이 구덩이에 빠지면 당연히 구하지 않겠느냐?
사람은 양보다 더 귀하니 안식일에 사람을 구하는 것은 옳은 일이다."

예수님께서 손이 굳은 사람에게,
"일어나 한가운데로 나와라."

그가 일어나 머뭇거리며 사람들 눈치를 보면서 회당 한가운데로 와서 서니 사람들이 웅성거리기 시작했다.

예수님께서 그에게 가서서,
"굳은 손을 뻗어 봐라."

그가 예수님 말씀에 따라 굳은 손을 뻗으니 다른 손처럼 회복되었다. 그러자 그곳에 있던 모든 사람은 깜짝 놀랐다.

그가 예수님 앞으로 와서 무릎 꿇고 두 손을 뻗으며,

46

"선생님, 저의 굳었던 손이 움직입니다, 감사합니다."

예수님께서 그를 일으키시며,
"자, 이제 네 손도 다 낳았으니 어서 너를 기다리는 가족에게 가거라."

회당에서 이 광경을 지켜보던 사람들이 웅성거리며,
"저분이 말씀하시면 중풍병자도 낫고 38년 된 병자도 낫고 굳었던 손도
펴지니 저분은 도대체 누구신가?"

"혹 저분이 오실 그리스도이신가?"

예수님께서 웅성거리는 그들을 둘러보시며,
"하나님께서 보내신 나를 믿는 자는 영생을 얻는다.
나를 믿을 수 없다면 내가 하는 일을 보고서 믿어라.
하나님께서는 너희가 모두 다 하나님께서 보내신 나를 믿고 병도 고통도
눈물도 슬픔도 이별도 없는 천국에서 살게 되길 원하신다."

이 말씀을 듣고 있던 율법사들이 큰소리로 외치며,
"당신이 하나님께서 보내신 분이면 안식일을 지키시오!"

"당신은 지금 하나님 율법을 무시하고 있소!"

예수님께서 그들의 무지와 닫힌 마음에 한탄하시며,

"하나님 말씀을 듣길 원하는 자는 잘 들어라!

하나님 말씀을 들을 귀가 있는 자는 잘 들어라!

안식일을 위해서 사람이 있는 것이 아니라 사람을 위해서 안식일이 있는 것이다.

하나님 율법은 사람을 살리기 위해서 있는 것이니 율법을 지킨다는 핑계로 사람 살리는 일을 금해서는 안 된다.

그러므로 안식일에 사람을 살리는 것은 옳은 일이다."

단호하신 표정으로 사방을 둘러보시며 크신 소리로,

"내가 곧 하늘의 안식이며 안식일의 주인이다!

하나님을 믿고 하나님께서 보내신 나를 믿는 자는 이 땅에서도 진정한 안식을 영생과 함께 얻는다!"

믿음의 백부장

AD 28년 5월 어느 날 이른 새벽 갈릴리 지방. 예수님께서 가버나움 근처 산으로 가서 밤새 기도하셨다. 그리고 제자 중에 예수님과 늘 함께 다닐 열두 제자를 따로 부르셨다. 그들은 베드로란 이름을 받은 시몬과 그의 동생 안드레, 성격이 불같아 천둥의 아들이란 별명의 세베대 아들 야고보와 그의 동생 요한, 빌립과 나다나엘, 세리였던 마태와 열심당원이었던 시몬, 쌍둥이 도마, 알패오의 아들 야고보, 다대오 그리고 예루살렘 남쪽 가룟 출신으로 예수님을 배반하게 되는 유다였다.

예수님께서 그들을 안아 주시며,
"너희는 이제부터 늘 나와 함께 있으며 내가 누구이며 무엇을 하는지 잘 지켜봐야 한다.
너희는 지금 내가 하는 말들을 이해하지 못해도 때가 되면 기억하고 이해하여 전하게 된다.
내가 너희에게 많은 것을 거저 줄 것이니 너희도 사람들에게 거저 줘야 한다."

예수님께서 산에 계시니 많은 사람이 병자들을 데리고 왔다. 한편 많은 사람이 산으로 간다는 보고를 받은 백부장 유스도는 군병들을 소집했다.

유스도가 군병들을 둘러보며 큰소리로,
"너희는 잘 들어라!
지금 저 산으로 많은 사람이 몰려가고 있다.
너희는 전원 무장을 갖추고 나를 따르라!
이 가버나움을 중심으로 많은 무리가 모이기 시작했다.
이 무리가 언제 로마에 대항하여 폭동을 일으킬지 모르니 너희는 단단히
준비하고 있어야 한다!"

유스도가 군병들을 데리고 산에 도착하니 이미 많은 사람이 모여 있었다. 예수님 가까이에는 바리새인들, 율법사들, 유대인 장로들 그리고 멀리 뒤쪽에는 여인들, 아이들, 세리들, 창기들, 이방인들이 있었다. 사람들이 병든 사람들을 예수님 앞에 데려오니 예수님께서 일일이 손을 얹어 고쳐 주셨다. 그러나 문둥병이나 혈루병처럼 사람들에게 가까이 오면 안 되는 병자들은 멀리 떨어져 지켜보았다. 많은 무리와 군병들이 예수님을 바라보았고 바람은 산등성이를 타고 밑으로 잔잔히 불고 있었다.

예수님께서 자리에서 일어나서서 크신 소리로,
"천국은 마음이 가난한 자의 것이다!

슬퍼하는 자는 위로를 받는다!

온유한 자는 땅을 물려받는다!

마음이 깨끗한 자는 하나님을 본다!

화평케 하는 자는 하나님 아들이라 불린다!

나 때문에 모욕당하고 박해받고 비난받으면 복이 있다!"

사방을 둘러보시며,

"너희가 남에게 대접받고 싶은 대로 먼저 남을 대접해라!

이것이 율법과 선지자의 가르침이다!"

가까이 있는 무리를 보시며,

"내게 주님, 주님, 한다고 천국에 가는 것이 아니다.

내 이름으로 선지자 노릇 하고 권능 행하고 귀신 쫓는다고 천국에 가는 것도 아니다.

오직 물과 성령으로 거듭나서 아버지의 뜻을 행하는 자만이 천국에 간다!

아버지의 뜻은, 누구든지 아버지께서 보내신 나를 믿어 나를 시인하며 내 말을 지켜 영생을 누리는 것이다."

하늘을 보시고 사방을 보시며,

"너희는 기도할 때 사람에게 보이려 하지 말고 마음 중심을 보시는 아버지께 해라!

그러므로 너희는 이렇게 기도해라!"

하늘을 향해 두 손을 벌리시며,

"하늘에 계신 우리 아버지,

아버지 이름을 높여 드립니다.

아버지 나라가 이 땅에 임하소서.

아버지 뜻을 하늘에서와 같이 이 땅에서도 이루소서.

저희에게 오늘의 양식을 주소서.

저희에게 죄지은 자를 용서하오니 저희 죄도 용서하소서.

저희가 유혹에 빠지지 않게 하시고 악에서 구하소서.

나라와 권세와 영광은 영원히 아버지 것입니다."

예수님 말씀을 들으러 온 사람 중에는 여인들도 많이 있었다. 그들은
대부분 군중의 맨 뒤쪽에서 말씀을 듣고 있었다. 그 여인 중에는 가버
나움 남서쪽 나인성에서 온 과부 도르가와 외아들, 막달라에서 온 마
리아, 12년 동안 혈루증으로 고생하는 요안나 그리고 야이로의 처와
12살 외동딸도 있었다.

도르가가 아들의 손을 꼭 잡으며,

"우리는 이제부터 저분만 믿고 따르기로 하자.

저분을 뵈면 마음이 뜨거워지며 큰 위로를 받는구나."

마리아도 혼잣말로,

"아, 일곱 귀신의 노예가 되어 고향을 떠나 살 수밖에 없는 이 인생도 저분

Jesus Love

말씀을 믿고 따르면 용서받을까…."

요안나도 군중과 떨어져 멀리서 지켜보며,
"아, 저분의 옷을 만지기만 해도 병이 나을 것 같은데 저분 주위에 늘 사람
들이 많아 가까이 갈 수도 없고…."

야이로의 아내도 외동딸을 안으며,
"저분은 참 좋으신 분 같구나…."

예수님과 사람들의 동태를 살피던 한 군병이 유스도에게,
"백부장님, 저 선생님은 지난번에 중풍병자를 고쳐 주시던 분이 아닙니까?"

다른 군병이 예수님 말씀을 듣고 있는 군중을 가리키며,
"백부장님, 무기를 소지한 자들도 없고 저분 말씀도 폭동과는 거리가 먼 것
같습니다."

유스도가 멀리 계신 예수님을 바라보며,
"그래, 내가 또 괜한 오해를 한 것 같다.
저분은 지난번에도 말씀으로 중풍병자를 고치시더니 오늘도 이 많은 사람
에게 좋은 말씀만 하시는구나.
자, 너희 둘은 남아 더 지켜보고 나머지는 돌아가자."

유스도가 돌아가다가 예수님을 바라보며 혼잣말로,
"아, 저분이라면 요셉의 중풍을 고쳐 주실 텐데…."

유스도는 한숨 쉬며 고개 숙이고 힘없이 산에서 내려갔다.

그때 예수님께서 돌아가는 유스도를 보시며 크신 소리로,
"구하라! 그리하면 받는다!
찾아라! 그리하면 찾는다!
두드려라! 그리하면 열린다!
하나님 길을 구하는 자는 그 길을 볼 것이다!
하나님 진리를 찾는 자는 그 진리를 알 것이다!
하나님 성문을 두드리는 자는 생명을 얻을 것이다!"

예수님 말씀에 유스도가 고개 돌려 다시 예수님 쪽을 바라보았다. 그런데 마침 평소에 알고 지내던 회당장 야이로와 유대인 장로들이 유스도 쪽으로 내려오고 있었다.

유스도가 그들에게 가서,
"장로님들, 안녕하세요?"

야이로가 유스도를 반갑게 대하며,
"어? 백부장님, 이런 곳에서 만나다니요!

반갑습니다, 그동안 안녕하셨지요?”

한 장로가 유스도에게 인사하며,
“백부장님이 우리 유대인들을 도와주고 회당도 지어줘서 늘 감사하게 생
각하고 있습니다.”

유스도가 손을 저으며,
“무슨 말씀을요.
아, 그런데 장로님들, 좀 어려운 부탁이 있습니다만.”

야이로가 양손을 내밀며,
“예, 백부장님, 뭐든 말씀하시지요.”

유스도가 예수님을 가리키며,
“저기 계신 선생님께 제 종의 중풍을 고쳐 주시길 부탁해 주셨으면 합니다
만….
로마인인 제가 직접 나서는 것은 실례인 것 같아서요.”

야이로가 예수님을 바라보고 고개를 끄떡이며,
“네, 물론입니다, 물론이고말고요.
우리가 가서 백부장님 부탁을 잘 말씀드리겠습니다.”

유스도는 집으로 가고 야이로와 장로들은 예수님 계신 곳으로 다시 와서 유스도의 부탁을 전했다.

그들이 예수님께 정중히 인사드리고 야이로가 한발 더 나아가서,
"선생님께 부탁드릴 말씀이 있어서 왔습니다.
이곳의 백부장은 저희 유대인들을 도와주고 또 회당까지 지어준 좋은 사람입니다.
그런데 그가 많이 아끼는 종이 중풍에 걸렸다고 합니다.
선생님께서 저희를 봐서라도 꼭 고쳐 주셨으면 합니다."

예수님께서 장로들을 보시고 고개를 끄떡이시며,
"내가 그의 집에 가서 그 종을 직접 보는 것이 좋겠다.
자, 그럼 어서들 가 보자."

예수님과 장로들의 대화를 옆에서 듣던 유스도의 한 종이 유스도 집으로 뛰어가서,
"주인님! 지금 유대인 선생님이 장로들과 함께 이곳으로 오고 계십니다."

유스도가 앉았던 자리에서 벌떡 일어나며,
"뭐라고? 그분이 이곳으로 오고 계신다고?
내가 부탁을 하는 바람에 그분께서 곤란하게 되셨구나.
그분이 내 집에 오신다면 유대인들은 이방인 집을 출입하는 사람이라고 무

시할 텐데⋯."

유스도는 당황하고 난처해서 자신의 친구들에게,
"자네들 지금 빨리 예수라는 유대인 선생님께 달려가서 내 부탁을 잘 좀 전해 주게.
아무래도 내 사정을 잘 아는 자네들이 한 번 더 그분께 내 뜻을 잘 설명해 줘야겠네."

친구들이 자리에서 일어나며,
"알겠네, 우리가 지금 당장 다녀오지.
자네 말은 이곳까지 오시지 말고 말씀만 해 주십사 하는 부탁 아닌가?"

유스도가 친구들의 손을 잡으며,
"잘 좀 말씀드려 주게.
요셉 병이 급하긴 해도 내 부탁으로 그분께서 내 집에 들어오시게 되면 그분이 곤란하게 되네.
유대인들은 우리를 이방인이라 부르며 집에도 안 들어오고 음식도 같이 안 먹질 않는가."

친구들이 서둘러 유스도 집 쪽으로 오시는 예수님께 가서,
"선생님, 저희는 백부장이 보내서 온 백부장 친구들입니다만 백부장은 선생님께서 집까지 안 오시고 말씀만 해 주셔도 자기 종의 병이 나을 것이라

고 했습니다."

예수님께서 앞서가시며,
"그렇구나. 그래도 내가 그의 집에 가는 것이 좋을 것 같으니 어서들 가 보자."

친구들과 같이 왔던 한 종이 유스도에게 뛰어가서,
"주인님, 유대인 선생님은 친구들 말씀을 들으시고도 여러 사람과 함께 지금 이쪽으로 오고 계십니다."

유스도가 당황하여,
"친구들을 보냈는데도 내 집으로 오신다니 곤란하구나.
아무래도 내가 직접 가서 말씀드려야겠다."

유스도가 허겁지겁 달려와서 예수님 앞에 무릎 꿇으니 예수님께서 유스도를 일으켜 반갑게 맞으시며,
"아니 유스도야, 내가 네 집으로 가면 될 것을 왜 여기까지 달려오는 것이냐?
그래, 그동안 잘 지냈느냐?"

유스도가 당황하며,
"선생님, 선생님께서 저를 어떻게 아시나요?"

예수님께서 환하게 웃으시며,

"허허, 얼마 전 중풍병자가 지붕을 뚫고 내려올 때 너도 한쪽 구석에서 얼굴을 가리고 있지 않았느냐."

예수님께서 뒤에 있는 마태를 가리키시며,
"당시 세리였던 저 마태는 오른쪽 뒤에 있었고 유스도 너는 왼쪽 뒤에 있었지."

유스도가 마태를 쳐다보고 예수님을 보며,
"아, 그때 이미 선생님께서 저를 알고 계셨군요.
그런데 선생님, 장로들과 친구들이 선생님께 말씀드렸듯이 저의 집까지 일부러 안 오셔도 됩니다.
다만 말씀만 하셔도 제 종은 나을 것입니다."

예수님께서 유스도의 손을 잡으시며,
"아니다, 내가 가서 네 종을 직접 보는 것이 좋겠다."

유스도가 난감해하며,
"아, 선생님, 제 뜻은….
저에게도 부하들이 있습니다만 제가 가라고 하면 가고 오라고 하면 옵니다.
저는 선생님께서 중풍병자를 말씀으로 고쳐 주시는 것을 보았고 또 바다에서 산에서 말씀하실 때 그 말씀들로 제 가슴은 뜨거웠습니다."

유스도가 예수님을 따라온 많은 유대인을 보며 조심스럽게,

"그리고 선생님….

선생님께서 이방인인 저희 집에 들어오시면 유대인들이 선생님을 좋지 않게 생각하니 다만 말씀만 해 주십시오.

그리하시면 제 종은 나을 것입니다."

예수님께서 유스도 말에 크게 감동하셔서 돌이켜서 뒤따라오던 사람들을 보시며,

"너희는 참으로 잘 새겨들어야 한다.

유스도는 이방인임에도 하나님 말씀의 능력을 믿고 하나님께서 보내신 나를 믿었다.

내가 너희에게 분명히 말하는데 이스라엘 온 땅에서도 이만한 믿음을 가진 자는 본 적이 없다."

예수님께서 유스도를 크게 칭찬하시니 제자들과 장로들과 많은 유대인이 깜짝 놀랐다.

베드로가 주위를 둘러보며,

"주님, 주님께서 백부장에게 말씀하시는 것이 아니라 저희에게 말씀하시네요.

그 뜻은 주님께서 이미 백부장 믿음을 아시면서도 저희에게 백부장을 통해 믿음의 본을 보여 주시려고 이곳까지 오신 것 같습니다."

Jesus Love

안드레가 예수님께 가까이 가서,

"주님, 백부장 믿음이 왜 그렇게 대단하다고 하시는지요?
저희도 주님 말씀의 능력을 보았고 또 믿습니다만…."

예수님께서 제자들을 자상하게 보시며,
"너희는 아직도 모르겠느냐?
유스도는 내가 하나님 말씀으로 중풍병자의 죄를 용서하고 병을 고치는 것
과 하나님 말씀으로 사람들을 가르치는 것을 보고 들으며 그 말씀의 능력
을 진실로 믿었다.
그뿐만 아니라 유스도는 이방인인 자기 집에 유대인인 내가 들어가면 유
대인들 사이에서 내가 곤란해질 것까지 생각하는 마음과 배려가 깊은 사
람이다."

사방을 둘러보시며,
"너희 중에 누가 하나님 말씀만으로 죽을병도 낫는다는 것을 진실로 믿은
자가 있느냐?
믿음이란 하나님 말씀을 믿는 것이요 그 말씀을 전하라고 하나님께서 보내
신 나를 믿는 것이다."

하늘을 보신 후 사람들을 보시며 양손을 크게 벌리시고,
"천지를 말씀으로 창조하신 하나님을 믿어라!
하나님 말씀을 믿는 자가 하나님께 영광을 돌리는 자이다!

하나님 은혜를 받고 싶은 만큼 하나님을 인정해 드려라.

너희가 대접받고 싶은 만큼 먼저 대접하는 것이 곧 율법이고 믿음이다.”

예수님께서 이 말씀을 하시고 뒤돌아 유스도를 보시며,

“네 믿음은 참으로 크다.

네가 믿는 대로 될 것이니 안심하고 요셉에게 가 봐라.”

유스도가 무릎 꿇으며,

“감사합니다, 선생님, 감사합니다.

아, 그런데 제 종의 이름까지 어떻게 아시나요?”

예수님께서 유스도의 두 손을 잡아 일으키시며,

“허허, 내가 네 가족 이름을 모르면 누가 알겠느냐?

자, 어서 네가 그토록 사랑하는 요셉에게로 얼른 가 봐라.

그리고 너와 요셉은 하나님의 크신 은혜에 감사하며 믿음의 사람답게 잘

살아야 한다.”

유스도는 예수님께 예의를 갖추고 집으로 가서 요셉을 보니 예수님 말

씀대로 요셉은 말끔히 나아서 문 앞에서 유스도를 반갑게 맞이했다.

유스도가 요셉을 꼭 안으며,

“요셉아, 네가 살았구나. 예수님께서 너를 살리셨다!”

요셉이 유스도 품에 안겨 눈물 흘리며,

"주인님, 감사합니다, 감사합니다.

주인님은 저 때문에 체면과 자존심을 다 버리셨습니다.

주인님이 저를 포기치 않고 예수님께 끝까지 부탁해 주신 덕분입니다."

유스도가 고개를 절레절레 저으며,

"아니다, 요셉아, 내가 한 일이 뭐가 있다고….

난 그저 예수님께서 말씀만으로도 너를 고쳐 주실 수 있는 참 좋으신 분이

라고 믿었을 뿐이다.

요셉아, 예수님께서 나와 네게 큰 은혜를 베풀어 주셨다."

"주인님, 주인님은 평생 제 주인이십니다.

저는 늘 주인님 곁을 지킬 것입니다."

유스도가 요셉 등을 두드리며,

"그래, 그래, 네가 그렇게 말해 주니 고맙구나.

이제부터 우리는 예수님을 우리의 진정한 주인으로 생각하고 감사하며 살

자…."

이 일을 계기로 유스도와 온 가족과 요셉은 예수님을 잘 믿게 되었다.

선한 목자 예수님

어느 안식일에 바리새인 라반이 예수님을 시험하기 위해 자기 집으로 초대했다. 예수님께서 유대인 관례에 어긋나게 안식일에 병자를 고치는지를 보고자 고창병자 고냐도 불러 구석에 앉혀 놓았다.

라반이 예수님께서 제자들과 함께 집으로 들어오시는 모습을 집안에서 보고 혼잣말로,

"음, 오늘은 안식일이고 고냐도 와 있으니 일단 시편을 드려 보자…."

라반이 마지못해 예수님께 인사드리며,

"선생님, 안녕하세요? 안으로 드시지요.

오늘도 말씀을 전해 주셨으면 합니다."

예수님과 제자들이 집 안쪽 중앙에 앉으니 여러 바리새인과 율법사들도 앉았다.

라반이 주위를 둘러보며,

"시편을 오늘의 말씀으로 준비했습니다."

예수님께서 시편 두루마리를 받으시고 회당을 둘러보시니 구석에 배가 불룩 나오고 몸이 부은 고냐도 앉아 있었다.

예수님께서 두루마리를 펼치시고,
"여호와는 나의 목자시니 내가 부족함이 없으리로다.
그분이 나를 푸른 초장에 누이시며 쉴만한 물가로 인도하시는도다."

예수님께서 두루마리를 접으시며,
"참 목자는 모든 위험으로부터 양들을 밤낮으로 지킨다.
참 목자는 일찍 일어나 푸른 초장을 미리 확인하고 양들을 그곳으로 인도한다.
참 목자는 양들이 안전하며 쉴만한 물가로 인도한다."

라반이 일어서며,
"참 목자는 저희를 무엇으로부터 어떻게 지켜 준다는 말씀입니까?"

"절도와 강도로부터다. 환난과 역경으로부터다.
목숨을 다해 지켜 주는 목자가 참 목자이다.
너희는 잘 새겨들어야 한다.
참 목자는 양의 문을 통해 우리에 들어오지만,
절도와 강도는 담을 넘어 들어온다."

"절도와 강도는 누구입니까?
양의 문은 또 무엇을 의미합니까?"

"이제까지 자신이 하나님께서 보내신 목자라고 자처했던 자들은 모두 절
도와 강도다.
그리고 양의 문은 나를 증거하는 성경을 의미한다."

라반이 못마땅한 표정으로,
"그렇다면 누가 참 목자인지를 어떻게 알 수 있습니까?"

"너희는 영생을 얻고자 성경을 공부하고 있다.
그 성경은 바로 나를 나타내고자 쓰여 있다.
내가 참 목자요 성경이 양의 문이다."

라반이 놀라 그 자리에 풀썩 주저앉으니 율법사 시므이가 소리치며,
"지금 하나님과 성경을 모독하시는 겁니까?
선생님이 참 목자인지 저희가 어떻게 알 수 있습니까?"

"참 목자는 양들을 위해 목숨도 아끼지 않는다.
모세가 놋뱀을 높이 들어 하나님 백성을 구한 것처럼 내가 높이 들리면 너
희는 내가 참 목자임을 알게 될 것이다."

예수님께서 이 말씀을 하시고 고냐에게 가까이 가서서,

"고냐야, 너는 나를 참 목자로 믿느냐?"

고냐가 눈물을 글썽이며,
"네, 주님, 저는 주님을 참 목자로 믿습니다.
주님께서 말씀하실 때 제 몸과 마음은 뜨거웠습니다…."

예수님께서 고냐를 일으키시며,
"고냐야, 너는 이제 네 병에서 나았으니 너를 기다리는 가족에게 가라."

예수님 말씀에 고냐가 그 자리에 엎드려 경배드리고 일어나니 고냐 몸의 부기는 다 빠지고 배도 정상으로 되었다. 예수님께서 회당을 나가시니 많은 사람이 예수님 뒤를 따라 나왔다. 한편 세리들과 이방인들은 회당에 못 들어오고 예수님을 밖에서 기다리고 있었다.

예수님을 따라 나온 바리새인들과 율법사들이 투덜거리며,
"왜 저분 주위에는 항상 세리들과 이방인들이 많이 모이는지 모를 일이야."

"어디 그뿐인가.
저분은 그들을 환영하고 또 식사도 같이하잖아."

예수님께서 그들이 투덜거리는 것을 아시고 회당의 위 계단에 앉으시니 제자들은 예수님 가까이 앉았고 바리새인들과 율법사들과 많은 사람이 모여들었다.

예수님께서 그들을 불쌍히 여기시며 비유로 말씀하시니,
"목자가 양 100마리를 데리고 들에 있었는데 그중 1마리가 없어지면 그 목자는 99마리를 들에 두고 그 한 마리를 찾을 때까지 끝까지 열심히 찾지 않겠느냐?"

베드로가 궁금한 표정으로,
"주님, 99마리를 들에 두면 위험하지 않나요?"

"그가 참 목자라면 99마리를 안전한 들에 데려다 놓고 양 지키는 자에게 맡기고 갈 것이다."

예수님께서 주위를 둘러보시며,
"다윗이 골리앗과 싸울 때의 이야기를 알고 있지 않으냐?
다윗은 아침 일찍 일어나 양 지키는 자에게 양들을 맡기고 엘라 골짜기로 가서 골리앗과 싸워 이겼다.
다윗은 양들을 지킬 때 사자나 곰이 양을 잡아가면 끝까지 따라가서 그것들을 죽이고 그 입에서 그 양을 건져냈다.
참 목자는 목숨도 아끼지 않고 끝까지 양들을 지킨다."

Jesus Love

안드레가 고개를 끄떡이며,

"주님, 참 목자와 거짓 목자는 무엇이 다릅니까?"

"참 목자는 위험과 희생이 있어도 양들을 끝까지 지킨다.

그러나 거짓 목자는 자신에게 위험이나 손해가 있을 것 같으면 양들을 버리고 도망간다."

야고보가 갸우뚱거리며,

"좀 더 자세히 설명해 주셨으면 합니다만…."

"참 목자는 부모 마음을 가진 목자다.

힘이 센 악한이 자녀를 잡아가도 포기할 부모는 없다.

소돔에 살던 롯이 많은 군사를 거느린 4명의 왕에게 잡혀갔을 때 아브라함은 단지 318명을 데리고 밤에 그들을 쳐서 롯을 구해냈다.

그때 아브라함이라고 목숨이 위험하질 않았겠느냐?

이렇듯 참 목자는 자신의 목숨이 위험하고 또 어떤 희생이 따르더라도 끝까지 양들을 지킨다."

요한이 예수님 가까이 앉으며,

"주님, 참 목자에 대해 좀 더 알고 싶습니다."

"베드로와 십보라가 결혼할 때를 예로 들어보자.

베드로는 결혼 기념으로 은전 10개를 십보라에게 주었는데 어쩌다 십보라가 그중 1개를 잃었다고 하자.
그러면 십보라는 그 1개를 찾기 위해 불을 켜고 구석구석을 뒤지며 찾을 때까지 끝까지 열심히 찾지 않겠느냐?"

베드로가 고개를 끄떡이며,
"그럼요, 주님, 제 처는 분명히 그리할 것입니다."

"그뿐만 아니라 십보라는 은전을 찾으면 친구들과 이웃을 불러 음식을 대접하며 그들과 함께 기뻐할 것이다.
남편 선물은 그 가치를 넘어 남편을 사랑하는 만큼 매우 귀하기 때문이다.
이처럼 아버지께서도 자녀가 회개하고 돌아오면 하늘나라에서 잔치를 베푸시며 천사들과 함께 크게 기뻐하신다."

빌립이 이해가 안 되는 표정으로,
"주님, 은전 하나의 가치보다 친구들과 이웃을 불러 대접하는 비용이 훨씬 더 많을 것 같습니다만….”

"너희는 잘 새겨들어야 한다.
아버지 사랑은 무엇으로도 계산할 수 있는 것이 아니다.
저 하늘과 산과 바다를 보아라.
너희가 평생 다 볼 수도 없고 또 알 수도 없는 천지의 수많은 것들을 너희를 위해 만드신 분이 아버지이시다."

예수님께서 하늘을 보시고 제자들을 보시며,
"아브라함 때에 소돔의 죄악은 하늘을 찔렀어도 아버지께선 아브라함의 조카 롯과 그 가족을 생각하셔서 소돔을 멸망치 않으시고 오랫동안 참으셨다.
아버지 자녀들은 작은 무리이다.
아버지께서는 그 자녀들 모두가 아버지 품에 돌아오는 그 날만을 기다리시며 이 세상이 그토록 타락했어도 그대로 놔두시고 참고 또 참으신다.
그러나 아버지 자녀들이 모두 돌아오면 아버지께서 이 세상은 불로 없애버리고 자녀들에게는 새 하늘과 새 땅을 주신다."

나다나엘이 예수님께 궁금한 표정으로,
"주님, 세례 요한은 주님을 가리켜 세상 죄를 지고 가는 하나님의 어린 양이라고 했는데 무슨 뜻인지요?"

"나는 이 죄악 된 세상에서 너희의 죗값을 치르기 위해서 온 하나님의 어린 양이다.
나는 너희가 성경을 통해 알아야 하는 하나님의 양이다.
나는 너희가 성경을 통해 들어가야 하는 생명의 문이다.
나는 너희가 성경을 상고하며 기다려 온 참 목자이다."

예수님께서 일어나셔서,

"나는 너희를 위해 내 목숨도 내놓는 참 목자이다.

나는 너희가 죽음을 맛보지 않고 살게 하려고 왔다.

나만이 너희가 아버지께 갈 수 있는 유일한 길이다.

나만이 너희가 아버지 사랑을 깨닫는 유일한 진리이다.

나만이 아버지께서 너희에게 주시는 유일한 생명이다.

나를 통해야만 아버지께 갈 수 있다.

나를 알아야만 아버지를 알 수 있다.

나를 믿어야만 아버지와 살 수 있다.

오직 나만이 너희가 하나님을 너희 아버지라고 믿게 하는 유일한 길이요

진리요 생명이기 때문이다."

제자들이 한목소리로,

"아멘! 아멘! 아멘!"

기다리시는 아버지

예수님께서 앉으시니 제자들도 예수님 곁에 둘러앉았다.

요한이 예수님께 기대앉으며,
"주님, 아버지 사랑에 대해 좀 더 말씀해 주세요."

"그래, 참 좋으신 아버지 이야기를 해 보자.
농장을 하는 아버지에게 두 아들이 있었다.
그 두 아들은 늘 기도하시는 아버지를 보며 자랐다.
그 아버지는 농장 일꾼들에게도 음식을 풍족하게 주시는 좋은 주인이셨다.
아버지와 두 아들의 이야기는….″

예수님께서 제자들을 아버지와 두 아들의 이야기 속으로 인도하셨다.
큰아들 이름은 르우벤, 작은아들 이름은 베냐민이었다.

언덕에 집이 있고 뒤쪽에 넓은 농장이 있는데 아버지는 저 멀리 언덕
위에서 하늘을 향해 손을 들고 기도하시며,
"하나님, 저의 두 아들을 지켜 주시옵소서.

이제 이 아들들도 성인이 되어 독립할 때가 되었습니다.

이 아들들이 무엇을 계획하며 어디서 살게 되든지 늘 하나님을 바라보게 하옵소서.

아비 된 제가 하나님을 잘 섬기는 모습을 통해 이 아들들도 하나님을 잘 믿게 하옵소서."

두 아들과 하인들은 밭에서 일하다가 잠시 쉬면서 풍족하게 차려진 음식을 먹었다.

베냐민이 먼 곳을 가리키며,

"형, 난 아버지께 내게 돌아올 유산을 미리 달라고 해서 저 먼 나라로 갈 거야.

젊었을 때 나도 한번 내 뜻을 펼쳐보고 싶어.

그리고 사람들이 그러는데 거기에는 예쁜 여자들도 많이 있다고 하니 한번 멋있게 놀아 볼 생각이야."

르우벤이 고개를 끄떡이며,

"그래, 그것도 나쁘지 않을 것 같다만….

아버지가 살아 계실 때 네 몫을 달라고 하면 아버지가 돌아가실 때보다 덜 받을 텐데 괜찮겠니?"

르우벤이 베냐민 어깨를 두들기며,

"뭐 아버지가 언제 돌아가실지도 모르긴 하지만…."

날이 저물어 두 아들이 농장에서 돌아와 아버지와 함께 저녁 식사를
하던 중 베냐민이 아버지께,
"아버지, 아버지 재산 중 제게 돌아올 몫을 미리 주시면 안 되겠습니까?
저도 이제는 독립해 뭔가를 해 보고 싶습니다."

아버지는 이미 베냐민의 그런 생각을 알고 계셨다는 듯이 하늘을 한
번 보시고는 르우벤과 베냐민에게 돌아갈 유산을 각각 주셨다.

아버지가 두 아들을 사랑스럽게 보시며,
"그래, 아들들아, 여기 너희들이 각각 받을 몫이 있다.
현금과 땅문서와 보석들이니 이것들을 가지고 하나님과 사람 앞에서 부끄
럽지 않게 살아야 한다."

베냐민이 얼른 받으며,
"감사합니다, 아버지, 제가 아버지께서 주신 것으로 뭐든 잘해 보겠습니다."

르우벤은 받은 것들을 아버지께 천천히 돌려드리며,
"저는 아버지 곁에 있겠습니다.
동생이 떠난다는 데 저라도 있어야지요…."

아버지가 르우벤을 기특하게 보시며,
"그래, 르우벤아, 너는 집에 남겠다니 고맙구나.

동생이 어디에 있든지 자주 연락하며 지내야 한다."

아버지가 베냐민을 안아 주시며,
"베냐민아, 너는 어디를 가서 누구를 만나든지 하나님을 진심으로 믿는 사람이 아니면 그들에게는 돈이 그들의 하나님이라는 것을 명심해야 한다."

베냐민은 유산을 받자마자 바로 떠나고 싶었어도 아버지가 주신 유산 중 땅문서와 보석 등을 현금으로 바꾸는 데는 시간이 걸렸으므로 좀 더 집에 있어야 했다. 며칠 동안에 베냐민은 모든 것을 싼값에 다 처분 하자 미련 없이 다 가지고 먼 나라로 떠났다.

베냐민이 긴 숨을 내쉬며 혼잣말로,
"땅과 보석을 처분하는 일도 쉽지 않구나.
급히 팔자니 제값도 못 받는 것 같고.
그래도 싸게라도 다 팔았으니 먼 나라로 가서 내 인생을 마음껏 즐겨 봐야
지…."

베냐민은 재물 팔아 모은 현금을 모두 가지고 먼 나라에 가서 그곳 여인들과 허랑방탕하게 지냈다.

베냐민이 한 여인에게 다가가서,
"너는 정말 예쁘게 생겼구나, 이름이 뭐냐?"

꽃순이가 미소를 지으며,
"꽃처럼 이쁘다고 해서 꽃순이라고 합니다."

베냐민이 지갑을 열어 금화를 주며,
"그래, 자 어디 나하고 한바탕 놀아 보자!"

얼마 지나지 않아 꽃순이에게 싫증 난 베냐민은 다른 여인을 찾았다.

베냐민이 주판을 들고 있는 한 여인을 보고,
"넌 참 똑똑하게 생겼구나, 이름이 무엇이냐?"

똑순이가 들고 있던 주판을 들어 보이며,
"똑똑하기로 둘째가라면 서러운 똑순이입니다."

베냐민이 지갑을 열어 금화를 주며,
"그래, 너도 나하고 한번 멋있게 놀아 보자!"

얼마 지나지 않아 똑순이에게도 싫증 난 베냐민은 또 다른 여인을 찾았다.

베냐민이 두꺼운 책을 들고 가는 한 여인을 보고,
"너는 공부를 참 잘하게 생겼구나.

나는 베냐민인데 너는 이름이 뭐니?"

학순이가 두꺼운 책을 펼치며,
"저는 늘 책을 보는 학순이라고 합니다."

베냐민은 또 습관적으로 지갑을 열어 금화를 주며,
"그래, 마침 제때에 너를 잘 만났구나.
꽃순이, 똑순이하고 놀아도 봤지만 뭐 그저 그렇고….
나도 책도 읽으며 지내야겠다고 생각했는데 마침 잘됐다.
나와 같이 책도 보며 즐겁게 지내자!"

얼마 지나지 않아 학순이에게도 싫증 난 베냐민은 또 다른 여인을 찾았다.

베냐민은 회당에서 성경을 끼고 나오는 여인에게 다가가서,
"너는 무거워 보이는 책을 들고 있는데 무슨 책이냐?"

성순이가 자랑스러운 표정으로
"성경이라고 합니다."

베냐민이 놀라는 척하며,
"성경이라니! 너는 여인으로서 믿음이 좋은 것 같구나."

베냐민은 또 지갑을 열어 금화를 보여 주며,
"우리 아버지도 늘 성경을 보고 계시지….
나는 베냐민이라고 하는데 네 이름은?"

성순이가 웃으며 회당을 가리키면서,
"저는 예배 장소를 이곳저곳 찾아다니는 성순이입니다."

베냐민이 성순이의 손을 덥석 잡으며,
"네가 예배를 잘 드리려면 헌금도 필요할 거고….
여기 금화가 있으니 네게 도움이 되었으면 좋겠다."

성순이가 못 이기는 척 금화를 받으며,
"예배 잘 드리며 헌금도 할 수 있도록 도와주시니 당신은 참 좋은 사람 같
군요."

베냐민이 음흉한 미소를 지으며,
"그래, 우리 함께 예배도 드리며 재밌게 지내보자."

베냐민은 한동안 여인들과 정신없이 흥청망청 허랑방탕하게 지냈다.
그러던 어느 날 베냐민은 돈이 다 떨어진 것을 알고 당황했다.

베냐민이 돈주머니를 열어보며,

"어, 돈이 다 떨어졌다니 이거 참 큰일 났구나.

음, 어떻게 한다….

그렇지! 그동안 돈과 선물을 많이 준 여인들을 찾아가서 내 형편을 설명하고 신세 좀 지자고 하면 되겠지…."

베냐민은 그동안 같이 놀았던 미모의 꽃순이, 똑똑한 똑순이, 공부 잘하는 학순이, 늘 예배드린다는 성순이, 한 사람씩 찾아갔다.

베냐민이 꽃순이를 만나 손을 잡으며,

"꽃순아, 잘 지내고 있지?

내 형편이 어려워졌는데 네게 신세 좀 져야겠다."

꽃순이가 베냐민의 손을 뿌리치며,

"무슨 얘기야? 돈 떨어졌으면 우리 관계도 끝이지."

베냐민이 크게 당황하며,

"아니 네가 나한테 이럴 수 있어?

그동안 내가 네게 준 돈과 선물이 얼만데…."

꽃순이가 베냐민을 밀치며,

"어서 꺼지라고! 재수 없으려니 별것이 다 달라붙네…."

꽃순이가 박대하자 베냐민은 똑순이에게 갔다.

베냐민이 똑순이의 팔을 잡으며,
"똑순아, 나 왔다, 잘 있었니?
내가 당분간 네게 신세 좀 져야 할 것 같은데⋯."

똑순이가 베냐민으로부터 팔을 빼며,
"느닷없이 무슨 얘기야?
할 일도 많고 복잡한 내게 신세를 지겠다니.
다른 여자들에게 가 보라고!"

베냐민은 똑순이가 박대하자 학순이에게 갔다. 학순이는 베냐민 형편을 이미 듣고서 알고 있었다.

학순이가 멀리서 베냐민을 미리 알아보고 책으로 얼굴을 가리며 혼잣말로,
"이곳저곳 손 벌리고 다닌다는 저 사람이 왜 나한테까지 오는 거야?"

베냐민이 겸연쩍게 웃으며,
"학순아! 오랜만이다, 나 베냐민이야."

학순이가 책을 펴서 보는 척하며,

제6막 기다리시는 아버지   **81**

"내게 구걸하기 위해 온 것이라면 읽던 책 한 권쯤은 줄 수 있어도 신세 질
생각은 아예 않는 게 좋아."

베냐민이 고개를 떨구며,
"많이 배웠다는 너마저 내게 이러다니…."

베냐민은 마지막 기대를 걸고 성순이에게 갔다.

베냐민이 고개를 숙이고 걸어가며 혼잣말로,
"아, 이제야 세상이 얼마나 야박한지 알 것 같구나.
그래도 열심히 예배드린다는 성순이는 좀 다르겠지…."

베냐민이 힘없이 걸어가다 길모퉁이에 서서 기도하고 있는 성순이를
보고 멈칫했다.

성순이가 베냐민을 보고 짜증 내며,
"아니 이 양반이 왜 내게도 오고 야단이야?
나는 예배 장소 찾기도 바쁘니 내게 손 벌릴 생각은 아예 꿈도 꾸지 말라고!"

베냐민은 성순이에게는 한마디도 못 하고 돌아가며,
"잘나도 똑똑해도 많이 배워도 믿음 좋다 해도 결국 돈에는 아부하고 돈 떨
어지면 박대하는 건 다 똑같구나.

다 거짓이고 다 가짜다, 다 가짜라고!

아, 이것이 아버지께서 말씀하시던 세상과 돈이구나…."

베냐민은 가깝다고 생각했던 여인들에게 박대당하고 이러지도 저러
지도 못하는 아주 궁핍한 신세가 되었다. 마침 그때 그 나라에는 크게
흉년이 들어 사람들의 형편이 어려워졌다.

베냐민이 초라한 모습으로 풀썩 주저앉아 한숨 쉬면서,

"이 나쁜 놈은 아버지가 살아 계신데도 돌아가신 것처럼 유산을 달라고 했
으니 집에 돌아갈 수도 없고 이곳에서 뭐라도 하며 사는 수밖에…."

베냐민은 일어나서 힘없이 농장 쪽으로 걸어가다가 농장 주인을 보자
달려가서 일꾼으로 지내며 밥이라도 먹게 해 달라고 부탁했다.

베냐민이 굽신굽신 농장 주인에게 인사하며,

"주인어른, 일자리를 찾고 있습니다.

그저 세끼 밥이나 먹을 수 있으면 합니다…."

농장 주인은 베냐민을 위아래로 훑으면서,

"음, 돼지나 치면 딱 맞겠군. 농장에 가서 돼지를 치게나.

열심히 일하면 밥은 먹을 수 있네."

베냐민은 날마다 돼지 치면서 지치고 너무 배고파서 돼지가 먹는 쥐엄 열매라도 먹고 싶었지만 쥐엄열매도 마음대로 먹을 수 없었고 또 누구 하나 그를 불쌍히 여겨 먹을 것을 주는 사람도 없었다.

베냐민이 주저앉아 혼잣말로,
"내 아버지도 이 주인도 같은 농장 주인인데 내 아버지는 일꾼들에게 음식을 풍족하게 주시고 이 주인은 이렇게 야박하고….."

베냐민이 넋을 잃고 한숨 쉬며 먼 곳을 바라보다가,
"아, 그렇구나! 아버지도 이 주인도 농장 주인이지만 아버지는 하나님을 잘 믿으신다는 것이 다르구나….."

베냐민이 무릎을 치며,
"우리 아버지는 하나님을 잘 믿으시고 일꾼들에게도 잘해 주는 좋으신 분이니 내가 아버지께 잘못했다고 하면 아버지는 나를 받아 주실 거야….."

하나님을 잘 믿는 좋으신 아버지 생각에 제정신으로 돌아온 베냐민은 아버지 집의 일꾼들 형편을 부러워하며 아버지께 돌아가기로 했다.

베냐민이 눈물 흘리며 혼잣말로,
"내 아버지 집의 일꾼들은 음식을 풍족하게 먹고 있는데 나는 이대로 있다가는 굶어 죽겠다.

아버지께서는 하나님을 늘 먼저 찾고 구하시니 돌아가서,

'아버지, 제가 하나님과 아버지께 죄를 지었습니다.

이젠 아버지의 아들이라고 할 자격도 없습니다.

다만 저를 일꾼의 하나로 써 주세요.'

라고 말씀드려야지….”

베냐민은 일어나서 아버지 집으로 향했다. 그런데 아직 집까지는 거리
가 먼데도 비가 오나 눈이 오나 늘 언덕 위에서 베냐민을 기다리던 아
버지는 머뭇머뭇 주저하면서 힘없이 걸어오는 작은아들을 멀리서 먼
저 알아보셨다. 아버지는 심히 측은한 마음을 견딜 수 없어 뛰어가셔
서 베냐민의 목을 안고 입을 맞추며 머리와 얼굴을 쓰다듬고 안아 주
시며 다 떨어진 신발도 보셨다. 아버지는 하인들이 와서 베냐민의 추
한 모습을 보게 될까 봐 얼른 겉옷을 벗어서 베냐민에게 입히셨다.

아버지 사랑과 용서의 입맞춤에 용기를 얻은 베냐민은 뜨거운 눈물을
흘리며 아버지 품에 안기어 떨리는 소리로,

“아버지, 저는 하나님과 아버지께 죄를 지었습니다.

저는 아버지의 아들이라고 할 자격도 없습니다.

다만 저를….”

베냐민이 아직 말을 하고 있을 때 아버지는 그의 머리를 잡고 품 안으
로 꼭 껴안으셨다. 그러므로 베냐민은 더는 말을 계속할 수가 없었다.

아버지는 베냐민 얼굴을 가슴에 꼭 품으신 채 뒤따라온 하인들에게 크신 소리로,

"너희는 어서 가서 제일 좋은 옷을 가져다 내 아들에게 입히고 손에 반지를 끼우고 발에 신을 신겨라!"

아버지가 주저하는 하인들에게 재촉하시며,

"그리고 서둘러 살진 송아지를 잡아라.
우리가 모두 함께 먹고 마시면서 이 내 아들이 돌아온 이날을 즐기자!"

하인들은 아버지가 돌아가신 것처럼 유산을 달라고 해서 탕진하고 돌아온 불효막심한 베냐민을 기쁘게 받아 주시는 아버지를 이해 못 해서 주저했다.

아버지는 크신 소리로,

"이 내 아들은 죽었다가 다시 살아 돌아왔고 내가 잃었다가 다시 찾았으니 먹고 마시며 즐기는 것이 당연하다.
자, 너희들은 어서 서둘러 내 말대로 해라!"

하인들은 불효막심했던 작은아들이 돌아왔을 때 주인이 따스하게 맞아 주시는 것을 이상하게 생각했다. 그러나 하인들도 주인이 아버지로서 용서하시는 깊은 사랑의 말씀을 듣고서야 그 사랑에 놀라고 감동하여 기쁜 마음으로 잔치를 준비했다.

오랫동안 풍악 소리가 없었던 아버지 집에 즐거운 노랫소리가 넘치고 그동안 어두침침했던 온 집안이 환하게 바꼈다. 베냐민은 옷을 깨끗이 갈아입고 형 르우벤이 농장에서 돌아오기를 기다리며 아버지가 차려 주신 잔치를 감사한 마음으로 즐겼다. 온 집안은 웃음과 풍악 소리로 가득했다. 그런데 아버지는 기뻐하시면서도 창문 쪽을 자주 바라보시며 농장에서 르우벤이 돌아오기를 기다리셨다.

큰아들 르우벤은 농장에서 돌아오면서 멀리서 집 쪽을 바라보다가 늘 언덕 위에서 베냐민을 기다리시던 아버지 모습도 안 보이고 집에서는 웃음과 풍악 소리가 흘러나오자 동생이 돌아왔다는 것을 직감하여 실망한 기색을 감출 수가 없었다. 아버지 사랑을 독차지하다가 아버지가 돌아가시면 유산도 혼자 다 가질 것을 기대했던 르우벤은 실망과 분노를 감추지 못해 집에 들어가지도 않고 혹시나 하는 마음에 한 하인을 불러 물어봤다.

르우벤이 실망스러운 표정으로,
"언덕에 아버지는 안 보이고 집은 떠들썩하니 대체 무슨 일이냐?"

"동생분이 건강하게 돌아와서 주인께서 살진 송아지를 잡고 잔치하는 중입니다."

르우벤이 화가 나서 집에 들어가기를 싫어하며 밖에서 투덜거리고 있으니 아버지가 집에서 나오셔서 빠른 걸음으로 르우벤에게 가셨다.

아버지가 르우벤 손을 잡으시며,
"아들아, 하나님께서 우리 기도를 들으시고 네 동생이 돌아오도록 하셨구나. 얼른 들어가서 함께 네 동생 귀가를 기뻐하자."

르우벤이 아버지 손을 뿌리치며,
"저는 아버지 아들이 집을 나간 여러 해 동안 아버지 밑에서 종처럼 일하며 아버지 말씀을 어긴 적이 없습니다. 그런데 아버지는 제게 염소 새끼 한 마리라도 주셔서 친구들과 즐기게 하신 일이 없습니다."

르우벤이 원망스러운 눈초리로 집 쪽을 바라보며,
"그런데 여러 해 동안 이방 여자들과 허랑방탕하며 아버지 재산을 다 써버린 아버지 아들이 돌아왔다고 아버지는 살진 송아지를 잡으며 기뻐하십니다."

아버지가 르우벤을 안으시며,
"아들아, 너는 항상 나와 함께 있었고 또 내가 가진 것은 다 네 것이 아니냐? 그러나 이 네 동생은 죽었다가 살았으며 내가 잃었다가 다시 찾았으니 우리가 기뻐 즐거워하는 것은 당연하다."

베냐민이 나와서 형 르우벤을 반갑게 포옹했다.

아버지는 르우벤과 베냐민을 함께 안고 기도하시며,

"하나님, 제 아들들을 불쌍히 여겨 주심에 감사드립니다.

이 아들들이 하나님을 잘 섬기며 믿음으로 자신들을 지킬 수 있도록 도와

주시옵소서.

이 아들들이 서로 이해하고 도우며 지내게 하옵소서…."

예수님께서 이 이야기를 마치시며 제자들에게,

"너희는 이 이야기에서 무엇을 느꼈느냐?"

베드로가 일어서며,

"작은아들의 큰 죄를 용서하시고 끝까지 기다려 주시는 아버지를 느꼈습

니다.

그리고 그가 돌아오니 기뻐 맞으시는 참 좋으신 아버지를 보았습니다."

예수님께서 베드로를 사랑스럽게 보시며,

"그래, 베드로야, 잘 보았다.

아버지께서는 죄인이 돌아오길 하루를 천년 같이 기다리시고 죄인이 돌아

오면 천년의 죄도 하루 같이 잊으시는 사랑의 아버지이시다."

안드레가 눈물 때문에 말을 잇지 못하다가,

"주님, 저는 이야기 속에서 불효막심한 작은아들이 결국 참 좋으신 아버지

를 기억하며 제정신으로 돌아올 수 있었다는 것이 큰 감동이었습니다.

저희가 죄짓고 사는 것은 제정신이 아니기 때문이라고 하나님께서 이해해 주시는 것만 같아 너무 감사했습니다."

예수님께서 안드레를 안으시며,
"그렇다, 안드레야, 아버지 하나님께서 죄는 미워하셔도 죄를 지을 수밖에 없는 약한 너희를 미워하지 않으신다.
사람 중에 죄를 스스로 이길 수 있는 사람은 없다.
모든 사람은 다 죄 중에 태어나 죄의 노예이기 때문이다.
그러므로 참 좋으신 아버지께서는 너희의 연약함과 한계를 잘 아시고 너희가 회개하고 돌아올 때까지 기다리시고 또 기다리시는 분이시다."

야고보가 눈물을 글썽이며,
"저는 큰아들이 동생을 그토록 기다리시는 아버지의 마음을 이해 못 하고 여러 해 동안 이방 여인들과 놀고 있는 동생을 데리러 가지 않았던 것이 슬펐습니다."

예수님께서 야고보를 기특하게 보시며,
"그래, 야고보야, 아버지 마음은 큰아들이 농장에서 일하는 것보다 동생을 찾아 나서기를 더욱 원하셨을 것이다.
너희도 잃어버린 너희 형제자매를 찾는 일에 최선을 다하는 것이 아버지를 무엇보다도 기쁘시게 해드리는 것임을 명심해야 한다."

예수님께 기대 있는 요한을 보시며,
"요한, 너는 무엇을 느꼈느냐?"

"하인 마음은 아버지 마음과 매우 다르다고 느꼈습니다.
아버지는 작은아들이 죽었다가 다시 살아났기에 기뻐하셨는데 하인은 작은아들이 단순히 건강하게 돌아와서 기뻐하신다고 했습니다."

예수님께서 요한을 사랑스럽게 보시며,
"맞다, 요한아, 아버지께서는 너희가 죄 가운데 살면 결국 죽을 수밖에 없으므로 그토록 슬퍼하시며 너희가 돌아오기만을 기다리시는 분이시다."

예수님께서 제자들을 두루 보시며,
"하루가 천년 같고 천년이 하루 같은 아버지 하나님께서 작은아들 같은 너희를 반기며 먼 길을 달려오시든 큰아들 같은 너희를 위해 집 밖으로 몇 걸음 나오시든 무엇이 그렇게 다르겠느냐?
하나님께서는 너희가 이와 같은 용서와 사랑을 깨닫고 돌아오기만을 기다리시고 또 기다리시는 참 좋으신 너희의 아버지 하나님이시다."

⊷ 제7막 ⊷
선한 사마리아인

어느 안식일에 예수님께서 가버나움 회당에 들어가셨다. 그러자 율법사 시므이가 레위기와 신명기 두루마리를 들고 와서 예수님을 시험했다.

시므이가 회당의 사람들을 둘러보며 큰 소리로,
"선생님! 무엇을 해야 영생을 얻을 수 있습니까?"

"그 영생에 대해 네가 지금 들고 있는 레위기와 신명기에 무엇이라고 적혀 있으며 또 너 스스로는 어떻게 이해하고 있느냐?"

시므이가 으쓱대며,
"네 마음, 목숨, 뜻을 다해 주 너의 하나님을 사랑하라!
네 이웃을 네 몸같이 사랑하라고 했습니다!"

"그래, 네 말이 옳다.
네가 그것을 그대로 모두 행하면 너는 살 것이다."

시므이가 사방을 둘러보며,
"선생님, 누가 제 이웃입니까?"

예수님께서 천천히 걸어가셔서 한쪽에 앉으시니 모두 자리에 앉으며
예수님을 주목했다.

예수님께서 자상하신 표정으로,
"내가 하는 이 이야기를 듣고 너희 모두는 자신에 대해 잘 생각해 봐라."

예수님께서 선한 사마리아인의 이야기 속으로 그들을 인도하셨다.

안식일에 예루살렘 성전에서 제사장 엘리가 성경 두루마리를 펼치고
말씀을 전했다. 그곳에는 예배를 도와주는 레위인 고라와 여리고에서
올라온 아사랴 그리고 많은 사람이 있었다.

엘리가 두 손 들고 큰 소리로,
"율법과 선지자의 말씀을 한마디로 요약하면,
첫째, 하나님을 마음, 목숨, 뜻을 다해 사랑하라!
둘째, 네 이웃을 네 몸과 같이 사랑하라!
이 두 계명입니다!
눈에 안 보이는 하나님을 사랑한다고 하면서 눈에 보이는 이웃을 사랑하지
않는다면 그것은 위선입니다!

그것은 이방인보다도 못한 것입니다!"

고라가 큰 소리로,
"아멘! 하나님을 사랑하는 사람은 이웃도 사랑합니다!
만일 성전에서 늘 봉사한다고 하면서 자기 이웃도 돌보지 않는다면 그것
또한 위선입니다!"

아사랴가 일어나며,
"제사장님, 내 이웃이란 가까이 있는 사람들입니까?"

엘리가 양손을 앞으로 뻗으며,
"내 이웃이란, 내 가족부터 시작하여 내 집 가까이 사는 사람들과 일상생활
에서 만나는 사람들입니다."

아사랴가 고개를 갸우뚱거리며,
"그럼, 그 모든 이웃을 내 몸같이 사랑해야 합니까?"

엘리가 고개를 저으며,
"그렇게 할 수만 있다면 얼마나 좋겠습니까만….
율법은 특히 불쌍한 과부들, 고아들, 나그네들을 사랑하여 그들에게 음식
과 의복을 주며 돌봐주라고 했습니다."

고라가 나서며,

"그렇습니다! 내 주위뿐만 아니라 길을 오가며 만나는 불쌍한 사람들도 내 이웃으로 생각하여 돌봐줘야 합니다.

그것이 율법과 선지자의 가르침입니다."

엘리가 두 손을 높이 들며,

"다들 오늘의 말씀을 마음에 잘 새기어 하나님과 이웃을 진심으로 사랑하시길 바랍니다."

사람들이 한목소리로,

"아멘, 아멘…."

엘리의 설교가 끝나자 사람들은 엘리와 고라에게 인사를 하며 집으로 돌아갔다.

사람들이 다 가자 엘리가 고라에게,

"나는 먼저 가야겠으니 자네는 성전 잘 정리하고 문들 잠그고 가게나."

고라가 인사하며,

"네, 잘 알겠습니다, 제사장님."

예배 마친 아사랴는 예루살렘에서 북동쪽으로 10여 킬로 정도 떨어진 여리고 집으로 가다가 도중에 강도들을 만나 가진 것도 겉옷도 다 빼앗기고 또 심하게 맞아 거의 죽게 되었다. 엘리는 일과를 잘 마쳤다고 하나님께 감사하며 흥얼거리면서 여리고 쪽으로 가고 있었다.

엘리가 흥겹게 찬양하며,
"여호와는 나의 목자시니 내게 부족함이 없으리로다…."

엘리가 쓰러진 아사랴를 보고 깜짝 놀라 뒷걸음치며,
"아니 이게 뭐냐? 이 사람 강도 만나 다 죽어가네.
가만, 가만. 이 사람은 아까 성전에서 질문했던 우리 동네 여리고 사람 같은데…."

아사랴가 쓰러져 무의식중에 신음하며,
"음, 음…. 나 좀 살려주시오…."

엘리가 주위를 살피고 아무도 없나 보고서,
"나야 오늘 하나님이 맡겨 주신 일을 다 했으니 어서 사랑하는 가족들에게 돌아가는 것이 하나님 뜻이야…."

엘리는 뒤도 돌아보지 않고 서둘러 여리고 쪽으로 갔다.

얼마 후 성전 정리를 마친 고라도 여리고 쪽으로 가며 흥겹게 찬양하

면서,

"여호와 나의 주님, 주의 인자가···."

고라가 쓰러져 신음하는 아사랴를 보자 깜짝 놀라 물러서며,

"아니 이 사람 강도를 만났군, 낯이 익은데···."

고라가 주위를 살피며 아무도 없음을 확인한 후,

"내가 이 사람에게 해 줄 수 있는 일은 없어.

나야 성전에서 열심히 봉사만 하면 되는 거라고.

하나님이 도와주시겠지···."

아사랴가 무의식중에 신음하며,

"음, 음···. 나 좀 살려주시오···."

고라가 당황하며,

"깨어나려고 하네. 날 알아보기 전에 어서 가야지."

고라도 쓰러진 아사랴를 피하여 여리고 쪽으로 서둘러 갔다. 한편 사마리아인 여호수아는 여리고를 거쳐 예루살렘으로 가는 도중에 엘리와 마주쳤다.

여호수아가 반가운 목소리로,

"샬롬, 제사장님 안녕하세요?"

엘리가 고개 돌려 여호수아를 외면하며 혼잣말로,
**"오늘은 영 재수가 없는 날이군.
길 가다가 강도 만난 사람을 만나더니 이젠 사마리아인이 내게 말을 다 거
네…."**

엘리는 여호수아의 인사에 대답도 없이 서둘러 갔다.

여호수아는 조금 후 고라와 마주치니 반가운 목소리로,
"안녕하세요, 성전에서 봉사하시는 분이시죠?"

고라가 고개 돌리며 혼잣말로,
"별 이방인이 날 다 아는 척하네…."

고라도 여호수아의 인사에 대답도 없이 서둘러 갔다.

여호수아는 조금 더 가다가 쓰러진 아사랴를 발견하고 깜짝 놀라 다가
가서,
"여보시오, 여보시오, 괜찮습니까?"

아사랴가 신음하며,

"음, 음…. 나 좀 살려주시오…."

여호수아는 얼른 나귀에서 물을 꺼내 아사랴를 조심스럽게 안아서 물을 먹이며,
"여보시오, 물 좀 마시고 정신 좀 차리세요."

여호수아는 아사랴 상처에 포도주를 부어 잘 씻어 내고 기름을 발라주며,
"오, 하나님, 도와주세요, 도와주세요…."

여호수아는 자신의 겉옷 일부를 찢어 상처를 잘 감싸주고 안아 일으키며,
"저기 주막까지 저와 함께 가야 하니 기운 좀 내세요."

여호수아는 아사랴를 자기 나귀에 태운 후 여관으로 갔다.

여호수아는 여관주인을 부르며,
"여보세요! 주인장 계십니까? 주인장 계십니까?"

여관주인 요아가 나귀에 다친 사람이 실려 있는 것을 보자 깜짝 놀라며,
"아니, 이게 웬일입니까? 이 사람 많이 다친 것 같네요."

요아는 크게 다쳐 있는 사람은 유대인이고 그 유대인을 데리고 온 여호수아는 사마리아인이라 이상하게 생각했다.

여호수아가 간절한 목소리로,
"이 사람이 길거리에서 쓰려져 있기에 데리고 왔습니다.
심하게 다쳐 있으니 오늘 밤 이곳에서 머물며 돌봐줬으면 합니다만 방이
있습니까?"

요아가 여호수아를 위아래로 훑어보고는 마지못해 방으로 안내하며,
"네, 방은 있습니다, 이쪽으로 따라오세요."

여호수아와 요아는 아사랴를 조심스럽게 침상에 눕히고 이불을 덮어
줬다.

여호수아는 밤새도록 아사랴를 돌보았다.

여호수아가 아사랴를 위해 간절히 기도하며,
"주님, 이 사람을 꼭 살려 주십시오.
저는 이 사람이 누구인지 모릅니다만 우연히 만난 것이 아니라 주님께서
만나게 하셨다고 생각합니다…."

요아는 여호수아가 밤새 아사랴를 돌봐주는 모습을 보며,

Jesus Love

"음, 저 사마리아인은 정말로 착한 사람 같군.
저렇게 열심히 간호하며 기도하는 것을 보니 분명 하나님을 잘 믿는 사람
일 거야…."

날이 밝아오자 여호수아가 일어나서 요아에게 가니 요아는 간호하는
여호수아를 지켜보다 피곤하여 자고 있었다.

여호수아가 아사랴 옆에 가서,
"주인장, 주인장, 저는 여행길이라 가야 합니다."

요아가 눈을 비비며 일어나서,
"아, 벌써 가시게요?"

"하나님께서 은혜를 베풀어 주셔서 다친 사람은 밤새 많이 좋아졌습니다.
주인장께서도 여러 가지로 배려해 줘서 감사합니다."

요아가 피곤해 보이는 여호수아에게,
"밤새 병간호하느라 밤새운 것 같은데 괜찮겠습니까?"

여호수아가 고개를 끄덕이며 주머니에서 돈을 꺼내면서,
"네, 전 괜찮습니다만 주인장께서 한 이틀 이 사람을 잘 좀 돌봐주셨으면
합니다.

여기 은전 2개는 저 사람의 이틀분 숙박비와 식사비 그리고 주인장 수고비
입니다.
제가 지금 가진 것은 이 돈이 전부입니다만 혹 부족하면 제가 이틀 후 돌아
오는 길에 꼭 갚아드리겠습니다."

요아가 돈을 받으며,
"네, 안심하고 잘 다녀오세요.
밤새 정성껏 간호하며 기도하는 모습에 저도 큰 감명을 받았습니다.
오실 때까지 제가 잘 돌보고 있겠습니다."

여호수아가 정중히 인사하며,
"감사합니다, 그럼, 안심하고 다녀오겠습니다."

이 비유를 마치신 예수님께서 시므이를 보시며,
"너는 제사장 엘리와 레위인 고라 그리고 사마리아인 여호수아 중에 누가
강도 만난 사람의 진정한 이웃이라고 생각하느냐?"

시므이가 당연히 안다는 표정으로,
"불쌍한 사람을 도와준 사마리아인 여호수아입니다."

"네 말이 옳으니 너도 불쌍한 네 이웃에게 그렇게 해라.
그것이 네가 영생을 얻으려고 상고하는 율법이요 선지자의 가르침이다."

시므이가 고개를 숙이고 머리를 긁적이며,

"네, 선생님, 노력하겠습니다."

예수님께서 회당을 나오시니 베드로가 예수님께 와서,

"주님, 갈 길 바쁜 여행 중에 자기의 생명과도 같은 것들을 다 써 가며 길
거리에서 만난 사람을 끝까지 도와주는 여호수아 같은 그런 이웃이 있을
까요?"

예수님께서 제자들을 둘러보시며,

"나 혼자만 살려고 하면 죽는다.

남을 살리려고 죽는 것이 곧 내가 사는 길임을 안다면 여호수아같이 될 수
있다.

내 이웃이 곧 아버지의 나라에서 영원히 만날 내 형제요 친구라고 생각하
면 여호수아같이 되지 않겠느냐?

친구를 위해 죽는 사랑보다 더 큰 사랑은 없다."

안드레가 예수님 옆으로 오면서,

"착한 여호수아같이는 못 해도 여관주인 요아처럼 불쌍한 아사랴 같은 이
웃을 돌볼 수는 있을 것 같습니다."

"그렇다, 안드레야, 여호수아같이 가진 것 모두를 내놓긴 어려워도 요아처
럼 그의 부탁을 들어주는 것도 좋은 이웃이 되는 길이다.

요아가 은전 2개만 받고 거의 죽어가던 아사랴를 맡아 돌봐준다는 것도 결코 쉬운 일은 아니다.

아버지께서 나를 보내셨듯이 내가 너희를 보내서 내 양들을 맡기면 너희는 내가 돌아올 때까지 맡겨진 양들을 잘 돌보야 한다."

야고보가 갸우뚱거리며,
"주님, 그런데 왜 비유로 말씀하시면서 제사장과 레위인은 좋지 않게 표현 하셨나요?"

"너희는 잘 새겨들어야 한다.
성경의 가르침은 입이 아니라 행동으로 지키는 것이다."

요한이 이해하기 어렵다는 듯이,
"그들도 가끔은 선행을 하고 있지 않나요?"

"설상 그들이 선행하는 것처럼 보여도 실상은 사람들이 보는 곳에서 사람에게 보이려고 하는 경우가 많다.
진정한 이웃은 사람들이 보고 있으나 보고 있지 않으나 말보다는 행동으로 사랑을 실천하는 사람이다."

빌립이 예수님께 다가와서,
"그렇다면 주님, 저희는 율법사들이나 바리새인들이 말하는 것은 아예 듣

지 말아야 합니까?"

"아니다, 그들은 모세의 자리에 앉아서 성경을 가르치니 그들이 말하는 것은 잘 듣고 실천해라.
그러나 그들은 입으로는 말해도 몸으로는 실천하기 싫어하니 너희는 그들과 같은 위선자가 돼서는 안 된다."

마태가 예수님 말씀을 열심히 적다가 갸우뚱거리며,
"위선자란 무슨 뜻입니까?"

예수님께서 마태와 제자들을 두루 보시며,
"남에게 말하는 것을 스스로는 지키지 않는 자, 하나님보다는 사람을 의식하는 자가 위선자이다.
하나님 은혜를 모르면서도 사람들 앞에서 은혜를 아는 척 받은 척 자랑하는 자가 위선자이다.
하나님께서는 어제도 오늘도 내일도 변함없이 너희를 늘 보고 계시는 사랑 많으신 너희 아버지이시다.
그러므로 아버지께서 너희를 사랑하시듯 너희도 아버지를 사랑하는 마음으로 그리고 아버지 사랑을 받은 자로서 서로 사랑하고 받은 은혜를 서로 나누며 살아야 한다."

제8막

참 좋으신 주인

예수님과 제자들이 집으로 오니 사마리아 여인 아비가일과 과부 도르가와 혈루증 걸렸던 요안나가 반갑게 맞이했다.

아비가일이 발 씻을 물을 예수님 앞에 놓으며,
"주님, 오늘도 이곳저곳 다니시느라 고생이 많으시네요."

"그래, 아비가일아, 우리가 모두 아버지 나라에서 살게 될 때까지 아버지께서 밤낮으로 일하시니 우리도 열심히 일하며 살자."

수건을 들고 있던 도르가가 환히 웃으며,
"주님, 저희에게도 참 좋으신 아버지 하나님에 대해 말씀 좀 해주세요."

"그래, 오늘도 아버지 하나님께서 얼마나 좋으신 분이신가 너희에게 얘기해 주마."

예수님께서 자리에 앉으시니 모두 예수님 주변에 앉았다.

예수님께서 도르가를 보시며,

"이 이야기는 보통 사람보다는 어려운 사람들 말하자면 과부나 병든 남편을 둔 아내나 부모 잃은 고아들은 잘 이해할 수 있을 것이다.

어떤 포도원 주인이 있었는데….."

예수님께서 제자들과 여인들을 참 좋으신 포도원 주인 이야기 속으로 인도하시며 이 이야기를 통해 아버지 하나님께서 어떤 분이시며 얼마나 좋으신 분이신가를 설명해 주셨다.

품꾼들이 아침 일찍부터 장터에 일자리를 찾아 하나씩 모여들기 시작했다. 장터 중앙에는 힘이 센 니므롯 등 젊은 장정들이 모여 있었고 멀리 구석에는 과부 수산나와 남편이 아픈 마리아와 동생들을 돌보는 고아 요셉이 있었다. 이른 아침에 포도원 주인도 포도원에서 일할 품꾼들을 찾아 장터로 갔다.

[당시 장터 품꾼들 사이에는 젊은 장정들이 먼저 나와서 일자리를 얻으면 그다음에 남자들이 와서 일자리를 얻었고 그들이 모두 일자리를 차지한 후에야 여인들이나 소년들이 일자리를 찾아 장터 중앙에 나와야 하는 엄격한 불문율이 있었다. 이를 어기는 품꾼들은 젊은 장정들에게 혼이 났다.]

주인이 장터 중앙에 있는 젊은 품꾼들에게,

"너희들은 내 포도원으로 가서 일해라.

하루 품삯은 은전 1개이다."

니므롯이 어깨를 으쓱이며 씩씩한 목소리로,

"네, 감사합니다, 주인님!

저희가 포도원에 가서 열심히 일하겠습니다!"

주인이 또 아침 9시에 장터로 나가 보니 아직도 일을 찾고 있는 사람들이 있어 적당한 품삯을 주기로 하고 포도원으로 보냈다. 아침 9시에 온 품꾼들은 조금 일한 후 아침 일찍 온 품꾼들과 함께 아침과 점심 사이에 푸짐한 간식을 먹었다.

니므롯이 9시에 온 품꾼들을 보며,

"당신들은 나보다 늦게 왔는데도 주인이 많은 간식을 주시니 오늘은 운이 좋은 것 같소…."

품꾼들이 모두 고개를 끄떡이며,

"그러게 말이요, 이 농장의 주인은 참 좋은 분 같소…."

주인은 또 정오와 오후 3시에도 장터에 있는 품꾼들을 불러 적당한 품삯을 주기로 하고 포도원에서 일하게 했다.

주인이 뒤쪽에 있다가 장터 중앙으로 나오는 품꾼들에게 다가가서,
"너희도 내 포도원에 가서 일하도록 해라.
내가 너희의 품삯도 적당히 쳐주마."

품꾼들이 굽실굽실 인사하며,
"네, 감사합니다, 주인님, 이렇게 늦게라도 저희에게 일자리를 주시니 너무너무 감사합니다."

주인은 또 오후 5시에도 걱정스러운 표정으로 장터에 가서 수산나, 마리아, 요셉을 불렀다.

주인이 그들을 불쌍히 여기며,
"다른 품꾼들은 다들 일을 찾았는데 너희들만 남아 종일토록 이곳에서 서 있기만 하는구나."

수산나가 긴 한숨을 쉬면서,
"저희는 거의 매일 일할 기회를 얻기가 힘듭니다."

옆에 있던 마리아가 힘없이,
"그렇다고 포기하고 해지기 전에 집에 갈 수 없습니다."

요셉이 애절한 눈으로 주인을 바라보며,

"오늘도 저희에게 일을 주시는 분은 없습니다."

주인이 그들의 어깨를 다독거리며,
"너희들 모두 어서 내 포도원에 가서 일해라.
자, 어서 가서 열심히 일해 기다리는 가족에게 뭐라도 사서 가야 할 것이
아니냐."

수산나가 눈물을 글썽이며,
"주인님, 이렇게 늦었는데도 일을 시켜 주신다니 정말 감사합니다."

마리아가 놀란 표정으로,
"정말입니까, 주인님!"

요셉이 그 자리에서 껑충껑충 뛰며,
"네, 네, 열심히 일하겠습니다.
감사합니다, 감사합니다…."

수산나, 마리아, 요셉이 주인에게 인사하고 포도원 쪽으로 서둘러 달
려가서 열심히 일했다. 그들이 일을 시작한 지 한 시간쯤 지난 오후 6
시경 해 질 무렵이었다.

주인은 관리인에게,

"오늘은 여기까지 하고 품꾼들 모두 다 오라고 해라.
나중에 온 자로부터 시작하여 먼저 온 자까지 은전 하나씩을 오늘 품삯으
로 줘라."

관리인이 주인을 존경스럽게 바라보며,
"네, 주인님. 잘 알겠습니다."

관리인은 주인이 지시하는 대로 수산나, 마리아, 요셉에게 각각 은전
하나씩을 제일 먼저 줬다. 은전 하나씩을 받은 그들은 생각보다 큰돈
을 품삯으로 받자 크게 감사했다.

수산나가 눈물이 흥건하여,
"주인님, 저희는 한 시간밖에 일하지 않았습니다만…."

마리아가 고개를 깊이 숙여 인사하며,
"아, 오늘은 제 남편의 약을 살 수 있게 됐습니다.
감사합니다, 감사합니다…."

요셉이 은전을 들어 쳐다보고 또 쳐다보며,
"오늘은 제 동생들이 배가 부르도록 먹게 하겠습니다.
감사합니다, 주인장 어른, 감사합니다…."

관리인이 큰 목소리로,

"자, 나머지 사람들도 다들 어서 오세요!

늦게 온 사람부터 순서대로 줄을 서야 합니다!"

먼저 온 품꾼들은 나중에 온 수산나, 마리아, 요셉보다 일당을 더 받을 줄로 기대하고 있다가 그들도 한 은전씩 받게 되니 투덜거리며 주인을 원망했다.

니므롯이 주인에게 불만스러운 표정으로,

"주인님, 나중에 온 저들은 한 시간만 일하고 한 은전을 받았으니 온종일 더위를 견디며 일한 우리는 더 받아야 하지 않겠습니까?"

주인이 안타까운 심정으로 니므롯을 보며,

"친구여, 나는 너에게 잘못한 것이 없다.

내가 너와 품삯으로 한 은전을 약속하지 않았느냐?

나중에 온 저 불쌍한 여인들과 아이에게도 은전 하나씩 주는 것이 내 뜻이자 내 마음이다.

내 것을 가지고 내 뜻대로 하는 것은 당연하지 않으냐?"

니므롯이 투덜거리며,

"품삯이 저들과 같은 것도 불공평하지만 같은 일당이라도 일찍 온 저희가 늦게 온 저들보다는 먼저 받아야 하는 것이 아닙니까?"

주인이 니므롯 손을 잡아 주며,

"친구여, 마음의 눈을 열어 불쌍한 저들을 봐라.

저들은 온종일 장터에서 일거리를 기다리며 가족들 걱정에 물도 제대로 못

마셨다.

그러나 너희는 일하면서 식사뿐만 아니라 중간에 간식도 먹지 않았느냐?"

주인이 수산나, 마리아, 요셉에게 가서 쓰다듬어 주며,

"이들이 가족 걱정하며 일자리를 기다리던 시간은 너희가 일하던 시간보

다 몇 배나 길고 괴롭게 느껴진다.

내가 연약하고 어려운 사람들에게 먼저 선을 베푼다고 너는 나를 악하게

보는 것이냐?"

니므롯이 뒷머리를 긁적이며,

"아닙니다, 주인님, 주인님 말씀을 듣고 보니 저들의 형편을 헤아리지 못

한 저희가 오히려 부끄럽고 죄송합니다."

주인이 환하게 웃으며,

"그래, 내 마음을 이제라도 알아주니 고맙다.

자, 너희도 어서들 기다리는 가족들에게 가거라.

오늘도 일거리와 일용한 양식을 주신 하나님께 감사하며 가족과 함께 즐겁

게 지내거라."

주인은 뒤돌아보며 계속 인사하면서 돌아가는 수산나, 마리아, 요셉과 일꾼들에게 가족들에게 어서 가라고 손짓했다. 포도원 관리인도 주인에게 경의를 표하며 주인의 선하심을 크게 기뻐했다.

예수님께서 제자들과 여인들을 둘러보시며,
"포도원 주인과 품꾼들의 이야기를 들으며 너희는 무엇을 느꼈느냐?"

아비가일이 눈물을 닦으면서,
"주님께서 수년 전에 저를 사마리아 수가성의 우물가로 찾아오셨습니다.
여러 번 결혼할 수밖에 없었던 저의 좌절과 갈등을 진정한 예배의 가르침을 통해 모두 없애 주셨습니다.
저는 이야기 속의 포도원 주인이 꼭 주님 같아 너무 감사했습니다."

"허허, 그랬구나.
그리 얘기해 주니 고맙다."

도르가도 눈물을 글썽이며,
"주님께서 바로 이 집에서 중풍병자의 죄를 사해 주시고 치료해 주신 말씀으로 세상을 원망만 했던 강퍅한 저와 제 아들을 부르기 시작하셨습니다.
그리고 제 아들이 병으로 죽자 그 아들도 죽음에서 건져 주셨습니다.
참 좋으신 포도원 주인과도 같이 주님께서는 저와 제 아들을 불러주시고 찾아주시고 살려 주셨습니다…."

Jesus Love

"네 이해가 참 고맙구나.

이 세상에는 자신이 잘났다고 생각하는 니므롯 같은 교만한 사람도 있고 버림받았다고 생각하는 수산나, 마리아, 요셉 같은 불쌍한 사람도 있다.

그러나 누구든지 아버지 사랑을 알면 그 모든 것은 사라지고 감사와 평안과 기쁨의 싹이 트기 시작한다."

요안나가 예수님 옷자락에 눈물을 떨어뜨리며,

"혈루증 걸렸던 저는 율법으로는 사람에게 가까이 가면 안 된다는 것을 알면서도 감히 주님 옷자락을 만졌습니다.

그때 만일 주님께서 저를 고쳐 주신 것을 주변 사람들에게 여러 번 말씀해 주시지 않으셨다면 저는 돌에 맞을 위험도 있었습니다.

주님의 그와 같은 은혜와 배려를 이 이야기를 통해 느꼈습니다…."

"그래, 요안나야, 네가 내게 올 때 사람들이 어떻게 하지나 않을까 걱정스러웠고 또 네가 병이 나았을 때도 나은 것을 사람들에게 알리긴 해야겠는데 사람들이 많았기 때문에 혹시나 불상사가 일어날까 봐 걱정했었다.

다행히 아버지께서 큰 은혜를 베풀어 주셔서 네 병도 낫고 불상사도 없었으니 나도 얼마나 감사했는지 모른다.

네가 믿음으로 큰 용기를 냈기에 모든 일이 가능했다."

예수님께서 하늘을 우러러보시며,

"아버지 감사합니다.

아버지의 깊은 사랑과 구원의 지혜를 스스로 잘났다고 하는 자들에게는 감추시고 마음이 가난하여 어린아이같이 은혜를 사모하는 이들에게 나타내 주심을 감사드립니다…."

~✦~ 제9막 ~✦~
거지 나사로

어느 날 예수님께서 제자들을 불러 모으시고,
"너희는 잘 새겨들어야 한다.
이 세상에서 너희가 가지고 있는 것으로 친구를 사귀어라. 그리하면 너희에게 그 재물이 다 없어졌을 때 그 친구가 너희를 영원한 집에서 맞이한다.
이 세상 것을 하늘나라에 가지고는 못 가도 이 세상 것으로 하늘나라에서 만날 친구는 만들 수 있다."

베드로가 나서며,
"주님, 누구를 제 친구로 사귀어야 하는지요?"

"네 이웃이다.
너희 은혜를 갚을 수 없는 이웃을 친구로 사귀어라."

안드레가 이해하기 어렵다는 표정으로,
"저희가 이 세상에서 가지고 있는 것은 무엇입니까?"

"사람이 가진 것에는, 돈, 권력, 학식, 마음, 시간 그리고 몸도 있다.

특히 나를 믿고 따르는 너희는 내 이름을 가지고 있다.

너희가 그것들로 이 땅에서 어려운 이웃을 너희 친구로 사귀면 아버지께서

반드시 갚아 주신다."

야고보가 좀 더 알고 싶은 표정으로,

"어려운 이웃에게 어떻게 해야 하나요?"

**"정신적으로 육체적으로 못 먹고 못 마시고 헐벗은 사람들에게 하나님 말

씀과 음식, 마실 것, 옷을 줘라.

방황하는 사람, 병원에 있는 사람, 감옥에 있는 사람을 찾아가서 위로하고

도와줘라.

그들은 너희에게 못 갚으니 아버지께서 갚아 주신다."**

예수님께서 이 말씀을 하시며 제자들의 이해를 돕기 위해 부자와 나사

로의 예화를 들려주셨다.

부잣집 아이의 이름은 나발이었고 그 집 여종의 아들 이름은 나사로였

다. 나발과 나사로는 어릴 적부터 같이 놀았다.

나발이 같이 놀던 나사로를 밀쳐 쓰러뜨리고 깔깔 웃으며,

**"하하, 너는 가난하고 약하고 나는 부자고 강하다!

너는 평생 내 종으로 살아야 하고 나는 너의 주인이다!"**

나사로가 울면서 힘없이 방으로 들어오니 엄마가 위로하며,

"나사로야, 아빠 엄마는 네가 태어났을 때 하나님께 감사하며 참 기뻤다.

그래서 너는 하나님의 도우심으로 잘 살라고 이름을 나사로라고 했다.

비록 아빠가 일찍 하늘나라 가셔서 지금은 우리가 가난하게 살고 있지만….

너는 늘 하나님의 도우심을 구하며 살아야 한다."

나사로가 엄마 품에서 빠져나오며 원망스럽게,

"싫습니다. 하나님께서 살아 계신다면 난 평생 왜 종으로 살아야 합니까?

아빠가 물려준 건 가난밖에 없습니다…."

엄마가 나사로를 안으며,

"나사로야, 그렇게 말하면 안 된다.

아빠가 일찍 돌아가셔서 지금은 우리가 비록 고생하며 살고 있지만 그래도

아빠는 너에게 하나님을 믿는 믿음을 남겨주시지 않았느냐.

너는 하나님과 아빠를 만날 그날까지 참고 견디며 믿음을 지켜야 한다."

나사로가 엄마 품에 안기며 울면서,

"엄마, 잘못했어요, 제가 제정신이 아니었나 봅니다….

아빠가 남기신 믿음이 돈보다도 건강보다도 더 귀한 것임을 잠시 잊었어요."

얼마 후 엄마는 나사로만 남기고 하늘나라로 갔다. 혼자된 나사로는

종으로 있다가 병에 걸리자 나발 집에서 쫓겨났다. 나사로는 이곳저곳

다니며 구걸하는 거지로 살다가 병이 깊어 걸어 다니기조차 힘들어지자 나발의 집 문 앞에서 구걸하며 그 집의 음식 찌꺼기를 먹었다.

어느 날 나사로가 음식 찌꺼기를 먹으며,
"하나님, 오늘도 먹을 것을 주시니 감사합니다⋯."

시간이 지날수록 나사로는 병이 점점 심해져 움직이기조차 힘들어졌다. 나발 집의 개들은 나사로를 기억하여 꼬리 치며 와서 나사로의 헌데를 핥았다.

나발이 다섯 형제와 흥겹게 식사하며,
"하하, 내 동생들아, 우리는 부잣집에 태어나 평생을 이렇게 먹고 마시며 즐기고 있으니 이 얼마나 좋은 일이냐!"

나발의 한 동생이 문밖의 나사로를 가리키며,
"형, 우리는 이렇게 잘사는데 저 문밖의 나사로는 왜 종으로 태어나 저렇게 살까?"

"가난하고 약하게 태어난 탓이지.
아니면 나사로에게 우리가 모르는 죄가 있던가."

나발의 다른 동생이 의심스러운 표정으로,

"우리도 나사로도 성경의 하나님을 믿는데도 그런가?
나사로는 하나님을 잘못 알고 있어 음식 찌꺼기를 먹어도 저렇게 하나님께
감사하고 있는 건가?"

나발이 옆에 있던 성경을 들어 보이며,
"넌 그것도 모르냐?
이 성경은 예법과 교양을 갖추려고 읽는 거야.
하나님은 성경 속의 하나님이고 우리가 사는 현실의 하나님은 돈이지, 바
로 돈이란 말이야, 하하하…."

나발이 하늘을 보며,
"만일에, 만일에 말이다만 하나님이 살아 있다면 하나님은 우리는 부잣
집에 태어나게 했고 나사로는 가난한 집에 태어나게 했는지도 모를 일
이지…."

어느 날 나발이 죽자 가족은 제사장을 불러 장례를 치렀다.

제사장이 나발의 시신 앞에서 큰 소리로,
"하나님! 하나님께서는 나발에게 복을 많이 주셨습니다.
많은 재물로 나발에게 복을 주신 하나님께 감사드립니다.
하늘나라에서도 나발에게 큰 복을 내려주옵소서."

나발은 좋은 무덤에 묻혔다. 그리고 나사로도 죽어 나그네 공동묘지에 묻혔다.

나발이 죽자 검은 옷을 입은 자가 와서 차가운 목소리로,
"자, 나발아, 일어나서 네가 가야 할 곳으로 어서 가자!"

나발이 나쁜 짓을 하고 양심이 찔릴 때 가끔 상상했던 무섭고 험상궂은 자를 보고 깜짝 놀라 두려움에 떨며,
"아, 아니, 내가 상상하던 그 무서운 분이 내 앞에 왜!
누, 누구십니까. 누구시기에 저를 데리고 가려고 합니까?"

"네가 하나님께서 안 계신 것같이 살았으니 당연히 너는 하나님께서 안 계신 것 같은 곳으로 가야 하지 않겠느냐!
자, 자, 어서 가자.
나도 이곳저곳 다니며 너 같은 자들을 모으기 바쁘다."

"아, 아, 안 됩니다, 안 된다고요…."

나발은 자신을 끌고 가는 자의 손을 뿌리치려고 온 힘을 다했으나 전혀 소용이 없었다. 오히려 밑도 끝도 없는 시커먼 곳으로 빨려 들어가기만 했다.

한편 죽은 나사로에게 흰옷을 입은 천사 둘이 와서 따스한 목소리로,
"나사로 형제님, 저희는 하나님께서 형제님을 모시고 오라고 해서 왔습니다."

나사로가 천사들을 보고 깜짝 놀라며,
"하나님께서 기도 중에 보여 주셨던 천사들이 아닙니까?
하나님께서 저를 데리고 오라고 하셨다고요?
제가 어디로 가야 하는데요?"

"형제님이 늘 사모하던 그곳, 형제님이 사랑하던 사람들을 만날 수 있는 하늘나라로 저희와 함께 가면 됩니다.
형제님은 늘 하나님을 찾았으니 하나님께서 기다리시는 그곳으로 가는 겁니다."

두 천사가 각각 한 손으로 나사로 손을 잡고 다른 한 손으로는 나사로 등을 받치며 구름 지나 하늘나라로 데리고 갔다. 그러나 나발이 간 곳은 꺼지지 않는 불로 둘러싸여 있었다. 나발이 너무 뜨겁고 목말라 괴로워 신음하다 위를 보고 깜짝 놀랐다. 깊고 큰 어둠을 뚫고 저 멀리 밝은 곳이 보였는데 그곳에는 나사로가 아브라함 품에 편안히 안겨 자고 있었다.

나발이 괴로워 비명 지르고 통곡하며,

"아, 어찌 이런 일이! 나는 아브라함 자손으로서 복을 누렸는데 여기서 죽을 지경이고 거지 나사로는 아브라함 품에 안겨 있다니⋯."

나발이 땅을 치고 이를 갈며 통곡해도 누구 하나 위로할 자 없었다.

나발이 온 힘을 다해 큰 소리로 아브라함을 부르며,
"아버지! 아버지! 평생 아버지 아브라함의 복을 누리며 살아온 나발입니다!
저를 불쌍히 여겨 주십시오!
아버지! 죽고 싶어도 죽을 수도 없이 오직 불에 싸여 목이 타 못 견디겠습니다!"

"아들 나발아, 이제는 내가 너에게 해 줄 수 있는 일은 아무것도 없다."

"아버지! 왜 저는 여기서 이 심한 고통을 당하고 있는데 나사로는 아버지 품에서 편히 쉬고 있습니까!"

"나발아, 너는 평생을 편히 살면서 하나님 없다고 했고 나사로는 평생을 제대로 먹지도 못하며 고생하면서도 늘 하나님을 찾았다.
그러므로 너는 하나님 없는 곳 같은 곳에서 지내는 것이고 나사로는 하나님 있는 곳에서 위로받으며 있는 것이다."

나발이 울부짖으며,

"제가 평생을 편히 산 것이 죄를 지은 것입니까?"

"네가 편히 산 것이 죄가 아니라 하나님 없는 것처럼 산 것이 큰 죄다."

"저는 안식일도 지키고 십일조도 내며 살았습니다."

"네가 하나님을 믿었다면 네 이웃을 네 몸같이 사랑하라는 하나님 말씀을
지켰을 것이다.
그러나 너는 네 눈앞에 보이는 나사로조차 네 이웃으로 생각하지 않았다."

나발이 자신의 목을 두 손으로 움켜쥐며,
"아버지! 그럼 제발 나사로라도 제게 빨리 보내 손가락 끝에 물을 찍어 제
혀를 축이게 해 주세요!"

"나발아, 네가 있는 곳과 이곳 사이에는 크나큰 구렁텅이가 있어 우리가
네게 갈 수도 없고 네가 우리에게 올 수도 없다."

나발이 땅을 치며 통곡하다가 잠시 생각에 잠기더니,
"아버지, 제게 마지막으로 간절한 소원이 있습니다!
저의 다섯 형제에게 나사로를 보내 그들만이라도 이곳에 절대 오지 않도록
경고해 주세요!"

"아니다, 나발아, 너의 다섯 형제에게는 어려서부터 보아 온 성경이 있으니 그 성경을 읽고 깨달으면 된다."

나발이 심하게 손을 저으며,
"아닙니다, 아버지! 아닙니다!
제 형제들도 성경을 읽어 봐야 아무 소용없습니다.
죽었던 나사로가 살아 돌아가서 그 입으로 제가 받는 이 고통을 얘기해 줘야 회개하고 하나님을 믿을 것입니다!"

"나발아, 그렇지 않다.
너희들 귓전에 들리고 눈앞에 펼쳐진 하나님 말씀을 그대로 믿지 않으면 죽음에서 다시 살아난 자가 경고하여도 하나님보단 세상을 믿고 의지한다."

아브라함과 나발이 이야기하는 동안에 나사로는 아브라함 품에서 편히 잠들어 있었다. 그리고 나사로가 있는 밝은 곳에서는 오직 아브라함만이 어둠을 뚫고 나발이 있는 곳을 볼 수 있었다.

예수님께서 나발과 나사로의 이야기를 마치시자 제자들의 눈이 휘둥그레졌다.

베드로가 의문 가득한 표정으로,

"주님, 사람이 죽으면 어떻게 되는지 이렇게 자세히 듣기는 처음입니다!
그렇다면 주님, 천국은 어디고 또 지옥은 어디입니까?"

"하나님께서 함께하시는 곳이 천국이고 하나님께서 함께하시지 않는 곳이
지옥이다."

안드레가 고개를 숙이고 생각에 잠겨 있다가 고개를 들며,
"주님, 일단 사람이 죽으면 회개하고 믿음을 가질 수 있는 길은 전혀 없
나요?"

"전혀 없다.
회개는 오직 살아 있을 때 가능한 일이지 죽은 몸으로는 길이 없다.
사람의 생명은 하나이므로 이 땅에서 생명이 있을 때 말하자면 아직 몸에
피가 살아 있을 때 용서받을 수 있다.
죽은 나무에는 물을 줘야 소용없고 조금이라도 살아 있어야 살릴 수 있다."

"그렇다면 주님, 살아 있는 동안에 회개하려면 어떻게 해야 합니까?"

"자신이 무엇을 왜 회개해야 하는지를 우선 알아야 한다.
죄를 뉘우치면 용서해 주시는 분을 진심으로 믿어야 한다.
아무 재판장에게나 가서 죄를 뉘우치며 용서를 구한다고 용서를 받겠느냐?
아니다, 용서해 주실 만한 합당한 이유를 가지신 분에게 용서를 구해야

한다."

야고보가 고개를 갸우뚱거리며,
"용서해 주실 만한 합당한 이유란 무엇인가요?"

"죄란 아버지 하나님께서 보내신 나를 믿지 않는 것이다.
나를 통하지 않고는 아버지께 올 자가 없기 때문이다.
아버지께서 성경을 통해 용서를 받으려면 피 흘림이 있어야 한다고 누누이
말씀하셨다.
생명은 오직 생명인 피로만 대신할 수 있기 때문이다.
아버지께서 보내신 어린 양의 피로 죄는 용서받는다."

요한이 예수님께 기대며,
"나발은 나사로를 볼 수 있어도 나사로는 나발을 볼 수 없나요?"

"어두운 곳에서 밝은 곳은 보여도 밝은 곳에서 어두운 곳은 보이지 않는다.
만일 그 좋은 천국에서 고통의 지옥이 보인다면 그곳을 천국이라 할 수 있
겠느냐?"

빌립이 궁금한 표정으로,
"주님, 나발이 아브라함을 아버지라고 부르는데도 구원받을 수 없었나요?"

"하나님을 아버지라고 부르고 나를 주님이라고 부른다고 천국 가는 것이 아니다.
아버지께서 보내신 나를 마음으로 믿고 입으로 시인하며 그분 뜻에 따라 살다가 가는 곳이 천국이다."

나다나엘이 조심스럽게 여쭈며,
"주님, 왜 아브라함은 나사로를 나발의 형제들에게 안 보냈나요?
그들이 나사로를 보면 회개하지 않겠습니까?"

"누구든지 성경을 통해 아버지께서 나를 보내신 그 크신 사랑을 믿지 않으면 기적을 경험하고 죽은 자가 살아나는 것을 보아도 회개하지 않는다."

예수님께서 자리에서 일어나셔서 팔을 벌리시며,
"아버지께서 보내신 내가 아버지의 크신 사랑이다.
내가 너희를 위해 고난받아 죽으면 너희는 그 사랑을 깨닫게 되고 내가 죽음에서 다시 살아나면 영생을 믿게 된다. 내가 곧 길이요 진리요 생명이기에 너희의 죄 사함을 위한 나의 죽음과 너희의 영생을 위한 나의 부활을 믿는 너희는 아버지께서 주시는 영생을 누린다."

세관장 삭개오

예루살렘의 어느 부잣집에 남자아이가 태어났는데 그 부모는 아이가 특출한 사람이 되길 바라는 마음으로 이름을 노바라고 했다. 노바는 어려서부터 총명했고 좋은 선생 밑에서 공부도 열심히 했으며 부모가 들려주는 율법도 잘 지키며 자랐다. 그가 청년이 되자 관원시험을 보고 젊은 나이에 일찍 관원이 되었고 그의 부모가 많은 유산을 남겨줘서 큰 부자가 되었다. 그는 제사장들과 율법사들을 찾아다니며 영생의 길을 물었으나 누구 하나 그에게 시원한 대답을 해 주는 사람은 없었다. 그러던 그가 어느 날 예수님께서 여리고에 오신다는 소식을 듣고 여리고 길목으로 가서 예수님을 기다렸다.

노바는 멀리서 예수님을 보고 달려와 무릎 꿇고 예수님께 정중히 인사 드리며,
"안녕하세요, 저는 노바라고 합니다."

"그래, 그런데 네가 무슨 일로 내게 달려와서 무릎까지 꿇으며 인사하느냐?"

노바가 차분한 목소리로,

"선한 선생님, 제가 무엇을 해야 영생을 얻을 수 있겠습니까?"

예수님께서 노바를 일으키시며,
"노바야, 네가 어찌 나를 선한 선생님이라고 부르느냐?
선이란 영원히 불변하는 것이니 선한 분이라면 오직 하나님 한 분뿐이시다."

예수님께서 말씀하시고 계속 길을 가시니 노바가 따라오며,
"선생님, 저는 영생의 길을 간절히 찾고 있습니다.
제게 그 길을 가르쳐 주십시오."

"너도 잘 알고 있는 하나님 계명을 지키면 된다."

"선생님, 어느 계명을 말씀하시는지요?"

"부모 공경하고 살인하지 말고 간음하지 말라.
도둑질하지 말고 거짓으로 증언하지 말라.
남의 것을 탐하지 말라는 계명이다.
이는 곧 하나님을 온 마음 온 정성 온 힘 다해서 사랑하고 네 이웃을 네 몸
같이 사랑하라는 말씀이다."

노바가 자랑스러운 듯 주위 사람들을 둘러보며,
"선생님, 저는 어려서부터 그 계명들을 모두 지키고 있습니다만 제가 무엇

을 더 해야 하나요?"

예수님께서 노바를 사랑스럽게 보시며,
"그래, 노바야, 네가 이제까지 잘해 왔다.
그러나 네게 아직 한 가지 부족한 것이 있구나."

"무엇입니까, 선생님, 영생을 얻을 수만 있다면 저는 무엇이든지 하겠습니다."

예수님께서 노바의 어깨에 손을 얹으시며,
"이제껏 네가 지켜온 율법을 온전히 지키고 싶으면 네가 가진 모든 재산을
팔아 가난한 자들에게 나눠 주고 나를 따라오너라.
그것이 네가 하나님과 이웃을 진정으로 사랑하는 것이고 네 재산을 하늘나
라에 쌓는 것이다."

노바가 하늘을 쳐다보고 긴 한숨 내쉬며,
**"제가 가지고 있는 많은 재산을 모두 가난한 사람들에게 나눠 주라고 하셨
습니까….
제 앞날이 보장된 관직을 버리고 선생님을 따르라고 하셨습니까…."**

노바는 많은 재산을 포기할 수도 없고 관직을 버리고 예수님을 따를
수도 없어 고개 숙인 채 매우 슬퍼하며 돌아갔다. 예수님께서 뜨거운

햇볕을 피해 그늘에 잠시 앉으시니 제자들이 예수님 가까이 와 앉았다. 그때 마침 낙타가 지나가고 있었다.

예수님께서 제자들을 둘러보시고 낙타를 가리키시며,
"너희는 잘 새겨들어야 한다.
부자가 천국에 가는 것보다 저 낙타가 바늘구멍으로 들어가는 것이 쉽다."

베드로가 이해가 안 된다는 표정으로,
"주님, 그러면 부자가 돼서는 안 된다는 말씀인가요?"

"부자가 이 세상에서 믿음을 갖고 또 그 믿음을 지키기란 여간 어려운 것이 아니다.
부자는 돈이면 뭐든 가질 수 있다고 생각하기 때문이다."

"부자가 돈으로 가질 수 없는 것은 무엇인가요?"

"돈으로는 진정한 생명도 사랑도 믿음도 소망도 평안도 행복도 가질 수 없다."

안드레가 궁금한 표정으로,
"그럼 부자는 어떻게 믿음을 갖고 또 지켜야 하나요?"

"돈이 많다고 자신을 위해 마구 쓰면 세상 유혹에 끌려다니는 죄의 노예가
된다.
그러나 돈이란 하나님께서 맡겨 주신 것이고 또 하나님께서 보고 계신다는
것을 명심하며 돈을 쓰면 된다."

요한이 근심스러운 표정으로,
"주님, 많은 돈의 유혹을 이길 사람이 있을까요?"

"자신의 의지만으로 돈의 유혹을 이길 자는 극히 적다."

"그럼, 부자 중에는 천국 갈 수 있는 사람이 없는가요?"

"하나님께 불가능한 것이란 없다.
그 하나님을 믿는 믿음으로 돈을 이기면 부자라도 천국에 갈 수 있다.
하나님을 바라보면 세상도 돈도 작아 보여 그들의 유혹을 이긴다."

길을 떠나 여리고가 가까워지니 베드로가 예수님께 와서,
"주님, 아직 한낮이고 얼마 후면 유월절인데 곧장 예루살렘으로 갈까요?"

"아니다, 내가 꼭 만나야 할 사람이 여리고에 있다."

"저희도 아는 사람인가요?"

"너희도 세관장 삭개오의 이름은 들어봤을 거다."

마태가 옆에 있다가 놀라며,
"유대에서 최고 부자라는 그 유명한 여리고 세관장 삭개오 말입니까?"

"그래, 그 삭개오가 나를 기다리고 있으니 서둘러 가자."

제자들이 놀라 서로의 얼굴을 보며,
"삭개오가 주님을 기다리고 있다니 무슨 일이지…."

당시 여리고는 유대 지방으로 들어오는 관문으로서 많은 상인이 거쳐 가는 번영된 도시였다. 그곳을 출입하는 사람들은 모두 통행세를 내야 했다. 그 여리고에는 삭개오라는 키가 작은 세관장이 있었는데 그는 큰 부자였다. 그는 가난한 집에서 작고 병약하게 태어났고 그의 부모는 그가 별 탈 없이 율법을 잘 지키며 순수하고 의롭게 살기를 바라는 마음으로 이름을 삭개오라고 지었다. 삭개오는 젊은 나이에 세리가 되어 열심히 일해서 여리고 세관장까지 되었다. 세관장들은 걷은 세금의 일정 금액만 로마에 받치고 나머지는 임의로 할 수 있었다. 그러므로 세관장들은 가능한 한 더 많은 세금을 거두기 위해 세율을 높여 징수했다. 유대인들은 세리들이 로마 밑에서 일하며 동족에게 세금을 되도록 많이 걷는다고 그들을 공개적으로 배신자, 반역자, 죄인이라 부르며 멀리했다.

한편 삭개오는 예수님 소문을 듣게 된 이후로 예수님을 뵐 수 있기를 간절히 바라고 있었다.

예수님께서 여리고에 도착하시니 입구에서 통행세를 받던 세리 중 한 명이 삭개오에게 뛰어가서,
"세관장님! 세관장님!"

"무슨 일이냐? 무슨 큰일이라도 있느냐?"

"세관장님이 그렇게도 뵙길 원하던 예수라는 분이 이쪽으로 오고 계십니다."

"뭐라고? 예수님께서 이쪽으로 오신다고!
자, 자, 어서 가 보자!"

삭개오는 예수님을 뵙기 위해 여리고 입구 쪽으로 달려갔다. 키가 작은 삭개오는 많은 사람 때문에 예수님을 볼 수 없자 예수님께서 가시는 길을 앞질러 달려가서 큰 뽕나무 위에 올라가 예수님을 기다렸다.

예수님께서 뽕나무에 가까이 오셔서 올려다보시고 웃으시며,
"삭개오야, 나무 위에서 어서 내려와라."

예수님께서 이름을 부르시자 삭개오가 깜짝 놀라며 주저하니 예수님

께서 내려오라고 손짓하시며,

"어서 내려와라, 삭개오야.

오늘 내가 네 집에 머물고 싶은데 괜찮겠느냐?"

삭개오가 예수님 말씀에 서둘러 내려와서 무릎 꿇으며,

"네, 주님, 반갑습니다, 참 잘 오셨습니다."

삭개오가 예수님께 반갑게 인사드리자 예수님께서 삭개오를 일으키

시며,

"자, 자, 삭개오야 일어나라.

삭개오야, 오늘 우리가 네 집에 머물러도 되겠느냐?"

"그럼요, 주님, 주님이시라면 언제든지 대환영입니다."

삭개오가 옆에 있던 하인에게,

"너는 어서 집으로 뛰어가서 귀한 손님들을 모실 준비하라고 해라."

"네, 주인님."

하인이 집으로 뛰어가니 삭개오가 예수님보다 한걸음 앞서며 자기 집

으로 안내했다.

사람들이 이 모습을 보고 투덜거리며,

"아니, 저분 이곳까지 와서 또 죄인 집으로 가네."

"저분은 세리들, 창기들, 이방인들에게 늘 친절하니 도대체 모를 일이야."

제자들이 사람들 수군거림에 서로 눈치를 보며 삭개오 집으로 가기를 머뭇거리니 베드로가 제자들을 재촉하며,

"주님께서 뭔가 뜻이 있으셔서 삭개오를 만나러 오셨으니 우리는 주님께서 하시는 대로 따라만 가면 되오."

삭개오의 안내로 예수님과 제자들이 삭개오 집에 도착하니 삭개오가 집안 중앙의 상석을 예수님께 권하며,

"주님, 조금만 기다리시면 잡수실 것을 얼른 준비하겠습니다."

삭개오가 값진 향유를 가져다가 예수님 머리에 조심스럽게 붓고 정성스럽게 빗겨드린 후 바삐 왔다 갔다 하며 하인들에게 예수님을 잘 모시도록 이것저것 준비시켰다. 제자들은 삭개오의 모습에 놀라고 의아해했다.

베드로가 마태에게,

"마태, 예수님께서 이전부터 삭개오를 알고 계셨소?"

"아니실 겁니다.
나도 저 세관장은 개인적으로 만난 적이 없는걸요."

"아니, 그런데 어떻게 우리 주님을 저렇게 극진히 모실 수가 있을까요…."

조금 후 하인들이 많은 음식을 가져오니 예수님께서 웃으시며 삭개오
에게,
"삭개오야, 너도 어서 앉아라.
네가 자꾸 왔다 갔다 하니 음식을 먹을 수가 없구나."

"아, 네, 주님, 그럼 저도 주님 옆에 좀 앉겠습니다…."

삭개오가 머뭇머뭇하며 예수님 왼쪽에 조심스럽게 앉으니 예수님께서,
"언제 이렇게 맛있는 음식을 이리도 많이 준비했느냐?
참으로 고맙구나."

"뭘요, 주님께서 원하시기만 한다면 저는 일 년 내내 더 잘 대접해 드리고
싶습니다."

삭개오는 예수님께 말씀을 드리다가 그동안의 외로움과 서러움이 북
받쳐 올라 눈물이 맺혔다. 오랫동안 혼자서 견뎌야 했을 삭개오를 예
수님께서 불쌍히 여기셨다.

예수님께서 삭개오 오른손을 꼭 잡아 주시며,

"그동안 마음고생이 많았구나.

삭개오야, 혼자서 너무 외로워하지 마라.

네가 날 기다렸듯이 나도 네가 많이 만나고 싶었다."

예수님 말씀에 삭개오가 깜짝 놀라며,

"주님께서 저를 만나고 싶으셨다고요?"

"그렇고말고, 그래서 내가 이렇게 널 보러 일부러 여기에 온 것이 아니냐."

삭개오는 예수님 말씀에 울음을 터트리며 예수님 품에 안기니 예수님

께서 삭개오 등을 두들겨 주시며,

"그래, 삭개오야, 내가 네 마음을 모르면 누가 네 마음을 알겠느냐?

이제부터는 아버지 하나님께 의지하며 믿음의 형제들과 외롭지 않게 잘 지

내라."

삭개오가 예수님 얼굴을 바라보며,

"예수님, 제가 예수님 앞에서 꼭 드릴 말씀이 있습니다."

"허허, 내 앞에서?

무슨 말이기에 내 앞에서 꼭 하겠단 말이냐?"

삭개오가 일어나 홀 중앙에 가서 큰 소리로,
"여러분, 제 얘기 좀 들어주세요!
제가 주님 앞에서 드릴 말씀이 있습니다!"

식사하던 사람들이 모두 조용해졌다.

삭개오가 목소리를 가다듬고 예수님을 보며 큰 소리로,
"음, 음, 주님!
제 재산 절반을 가난한 사람들에게 나눠 주겠습니다!"

삭개오는 큰 부자이지만 수전노로 알려져 있었기 때문에 사람들이 깜짝 놀랐다.

사람들이 못 믿겠다는 듯 웅성거리니 삭개오가 큰 소리로,
"여러분! 여러분! 조용히 해 주세요!
제가 주님 앞에서 드릴 말씀이 다 끝난 것이 아닙니다!
제가 그동안 나쁜 짓을 많이 해 왔습니다.
그러나 지금은 주님을 뵙고 많이 뉘우치고 있습니다."

삭개오가 목소리를 다시 가다듬고 예수님을 보며,
"주님, 제가 사람들을 속여 세금을 더 걷은 것이 있으면 4배로 갚겠습니다.
제가 기록들을 다 뒤져서라도 그 사람들을 모두 찾아 4배로 꼭 갚아 주겠

습니다…."

사람들이 더 깜짝 놀라 서로 얼굴을 보며 웅성거렸다. 삭개오는 예수
님 얼굴을 보며 큰일을 해냈다는 듯 만족스럽게 미소지었다. 예수님께
서 일어나시니 모두 조용히 주목했다.

예수님께서 삭개오를 사랑스럽게 보시며,
"오늘 삭개오는 아버지의 크신 은혜와 사랑을 받았다!
오늘 이 집에도 구원이 임했다!
삭개오도 아브라함 자손이며 아버지의 잃었던 양이기 때문이다!"

삭개오는 그 자리에 엎드려 예수님께 경배드렸다.

예수님께서 삭개오를 일으키시며,
"자, 삭개오야, 일어나라. 네가 오늘 큰 결심을 했다."

삭개오가 예수님 품에 안기며,
"주님, 저는 세관장을 그만두고 주님만 따라다니면 좋겠습니다."

예수님께서 삭개오 등을 두들겨 주시며,
"아니다, 삭개오야, 이곳에서 세관장으로 일을 하며 믿음을 지키면 된다.
너는 이제부터 정직하게 세금을 걷을 테니 사람들이 다 좋아하지 않겠느냐!"

예수님께서 삭개오의 집에 잠시 머무신 후 떠나셨다.

길을 가면서 베드로가 예수님께,
"주님, 궁금한 것이 몇 가지 있습니다만…."

"뭐가 또 그리 궁금하냐, 베드로야."

"노바와 삭개오의 일로 좀 혼돈이 돼서요…."

베드로가 목소리를 가다듬고,
"율법을 잘 지켜 왔다는 노바는 주님께 영생을 묻고자 직접 찾아왔는데 삭
개오는 주님께서 일부러 찾아가셨지요.
그런데 왜 노바는 결국 슬피 울며 떠났고 삭개오는 구원을 받았나요?"

예수님께서 제자들을 두루 보시며,
"노바는 나를 선생 정도로 믿었고 삭개오는 나를 주님으로 믿고 의지했다.
그래서 처음부터 노바는 나를 선생이라 불렀고 삭개오는 주님이라 불렀다.
노바는 자신의 힘으로 율법을 지키고 뭔가를 해서 영생을 얻으려 했다.
그러나 만 가지 법 중 한 가지만 어겨도 불법자가 된다.
모든 율법을 자력으로 모두 다 지킬 수 있는 사람은 없다.
율법은, 율법을 지키고자 노력하는 사람이 그 한계를 느껴 하나님께 더욱
의지하며 은혜를 사모하도록 한다."

야고보가 의문스러운 표정으로,

"그럼 하나님께서 다 지킬 수도 없는 율법을 저희에게 주신 건가요?"

"각 나라 법은 그 나라 백성이 지키는 것이지 타국 백성은 지키지 않는다.
먼저 하나님 백성으로 다시 거듭나야 한다.
먼저 하나님 백성이 되어야 마음으로부터 하나님의 율법을 지키려는 노력
도 하고 또 진심으로 지킬 수도 있다."

요한이 궁금한 표정으로,

**"주님, 유대인은 나면서부터 하나님 백성인데 유대인도 다시 하나님 백성
으로 새롭게 거듭나야 하는지요?"**

"유대인은 하나님 말씀을 먼저 들을 수 있는 큰 은혜를 받았어도 그 말씀을
온 정성과 온 힘을 다해 지키고자 하는 자는 적었다."

유대인 중에도 하나님 백성이 적다는 예수님 말씀에 베드로가 놀라며,

"하나님 백성에 대해 좀 더 말씀해 주세요."

"아기가 원한다고 엄마 배에서 태어날 수 있겠느냐?
아기 태어남은 전적으로 부모에게 달려 있듯이 하나님의 일방적인 사랑으
로 하나님 백성이 태어난다.
하나님께서는 각 사람 마음의 중심과 그 동기를 다 아시므로 온 정성과 온

힘으로 그분 말씀을 지키려는 자녀에게는 그분의 영으로 지킬 수 있도록
하신다."

야고보가 예수님께 가까이 와서,
**"그런데 주님, 삭개오가 재산 절반을 사람들에게 줘도 노바보단 훨씬 부자
인데 왜 노바에게는 전 재산을 가난한 사람에게 주라고 하셨는지요?"**

"나를 주님으로 고백한 삭개오에게는 돈이 걸림돌이 아니어도 나를 주님
으로 믿지 않는 노바에게는 돈이 하나님 백성으로 거듭나는 길을 막기 때
문이다.
하나님과 돈을 함께 섬길 수는 없다.
너희가 먼저 하나님의 나라와 의를 구하고 하나님의 뜻을 찾으면 하늘의
문이 열려 영원할 보화가 보이고 세상과 돈이 작게 보이니 믿음으로 영생
의 길을 걷게 된다.
이것이 나를 믿는 자가 걸어야 할 길이다."

주님께 호산나

AD 30년 4월경 어느 맑은 날 아침. 예수님과 제자들이 예루살렘 쪽
으로 가고 있었다.

예수님께서 감람산이 가까워지자 베드로와 안드레에게,
**"너희가 마을로 들어가면 어미 나귀와 새끼 나귀가 함께 묶여 있을 것이니
새끼 나귀를 풀어 내게로 끌고 와라.
혹 누가 그 이유를 물으면 내가 쓴다고 해라."**

베드로가 의아해하며,
"어미 나귀도 아니고 새끼 나귀는 어디에 쓰시려고요?"

"성경에 적힌 대로 예루살렘에 들어갈 때 타려고 한다."

"네, 주님, 그럼 저희가 얼른 다녀오겠습니다."

베드로와 안드레가 떠나자 예수님께서 예루살렘을 바라보시며 눈물
을 흘리셨다.

예수님께서 탄식하시며,

"오, 예루살렘아, 너는 어찌하여 살길을 외면하느냐….."

한편 베드로와 안드레가 마을에 들어가니 예수님 말씀대로 어미 나귀와 새끼 나귀가 어느 집 앞에 묶여 있었다.

베드로가 새끼 나귀를 푸니 그 주인이 이를 보고는,

"내 나귀를 왜 푸십니까?"

"네, 저는 나사렛 예수님을 모시고 있는 베드로입니다.

주님께서 이 새끼 나귀를 쓰시겠다는데 괜찮겠습니까?"

"네, 물론입니다, 그분은 많은 병자도 고쳐 주셨고 며칠 전에는 베다니 나사로도 살려 주시지 않으셨습니까!

조금도 걱정하지 마시고 얼른 가져가세요.

그분께서 쓰신다면 큰 영광입니다."

베드로와 안드레가 새끼 나귀를 끌고 와서 겉옷을 벗어 나귀의 등에 얹었다.

예수님께서 나귀에 오르시자 베드로가 웃으며,

"주님, 주님께서 이놈을 쓰신다고 하니 나귀 주인이 큰 영광이라고 했습니다!"

다른 제자들이 겉옷을 벗어 길바닥에 깔았다. 예수님께서 감람산 내리막길에 이르시니 많은 사람은 겉옷이나 종료 나뭇가지를 길바닥에 깔면서 외쳤다.

사람들이 크게 기뻐하며,
"호산나! 호산나! 가장 높은 곳에서 호산나!
다윗의 자손을 찬양하라!"

"주님 이름으로 오시는 이스라엘 왕을 찬양하라!
하늘에는 평화요 가장 높은 곳에는 영광이로다!"

군중 속에 섞여 있던 몇몇 바리새인들이 예수님께,
"선생님, 사람들이 선생님보고 이스라엘 왕이라고 하는데 왜 꾸짖지 않습니까?"

예수님께서 바리새인들을 안타깝게 보시며,
"저들이 잠잠하면 돌들이 소리 지를 것이다."

예수님께서 예루살렘에 가까이 오시자 눈물을 흘리셨다.

예수님께서 깊이 탄식하시며,
"오, 예루살렘아, 예루살렘아, 너는 화평의 길을 가야 하는데 지금은 그 길이 네 눈에 가려져 있구나….."

사람들은 계속해서 외치며,
"호산나! 호산나! 다윗의 자손을 찬양하라!"

바리새인들이 사람들 외침에 괴로워 두 손으로 귀를 막으며,
"저것 좀 보세요!
모든 사람이 저 선생을 따르니 이제 우리는 다 망했소!"

"이제는 우리 권위도 없어지고 성전 장사꾼들에게 받던 큰 수입도 없어지게 됐소!"

예수님께서 예루살렘 성전 뜰에서 장사하는 사람들을 다 내쫓으시고 물건을 나르며 성전 안을 통로처럼 사용하는 것을 금하셨다. 제사장들과 율법사들과 성전 군병들은 예수님 권위에 압도되어 아무 말도 못하고 바라만 보았다.

예수님께서 엄하고 크신 소리로,
"성경에 내 집은 만민이 기도하는 집이라 하였는데 너희는 강도 소굴로 만들었다!"

대제사장들과 율법사들이 이 일로 예수님을 죽이려 하였으나 많은 사
람이 예수님 말씀에 놀라고 감탄하며 큰 은혜를 받고 있었기 때문에
어찌할 바를 몰랐다.

예수님께서 성전 뜰에서 많은 사람의 병을 고치시며,
"나를 주님이라 부른다고 구원받은 것이 아니다!
내 이름으로 말씀 전하고 귀신 쫓고 기적 행한다고 구원받은 것도 아니다!
나를 믿어 물과 성령으로 거듭나야 구원받은 것이다!"

예수님께서는 성전에서 날이 저물 때까지 많은 사람의 병을 고치시며
말씀을 가르치셨다. 날이 저물자 예수님께서 성전을 떠나 제자들과 함
께 베다니로 가셨다.

✦ 제12막 ✦

하나님 것은 하나님께

  예수님께서 이른 아침에 제자들과 함께 성전에 오시니 또 많은 사람
이 몰려왔다. 그중에는 로마 등 각 나라에서 온 헬라인들도 있었다.

헬라인 중 한 사람이 빌립에게 다가와 인사하며,
"선생님도 예수님 제자 중에 한 분이시지요?"

"네, 그렇습니다."

**"저희는 먼 나라에서 유월절에 맞춰 이곳에 왔습니다.
괜찮으시다면 예수님을 좀 뵈었으면 합니다."**

마침 안드레가 빌립 쪽으로 걸어오니 빌립이 안드레에게 헬라인들을
소개하며,
"안드레, 이분들이 우리 주님을 뵙길 원하네."

안드레가 헬라인들을 반갑게 맞으며,
"무슨 일로 우리 주님을 뵙길 원하시는지요?"

그들 중 한 사람이 안드레에게,

"저희는 예수님께서 죄를 용서하시고 말씀을 가르치시며 많은 병자를 고쳐 주시고 또 얼마 전에는 베다니 나사로를 살리신 일도 알고 있습니다.
저희는 그 예수님을 가까이서 뵙길 원합니다."

안드레가 환하게 웃으며,

**"저희를 따라오시면 예수님께 안내해 드리겠습니다.
우리 주님께서는 누구든지 모두 환영하시는 분이십니다,"**

안드레와 빌립이 앞장서고 헬라인들이 따랐다. 예수님께서 성전 계단에 앉으셔서 사람들에게 말씀을 전하고 계셨는데 안드레와 빌립이 헬라인들을 소개했다.

예수님께서 헬라인들을 반갑게 맞으시며,

"멀리서 오느라고 수고들이 많았다.
때가 차니 헬라인에게도 복음이 전해지는구나."

예수님께서 제자들과 주위의 사람들을 두루 보시며,

"너희는 잘 새겨들어야 한다.
하나님께서는 유대인과 이방인 모두의 하나님이시다.
유대인이든 헬라인이든 누구든지 회개하고 복음을 믿는 사람은 죄를 용서받고 영생을 누리게 된다.

복음이란, 너희의 죄로 내가 죽고 너희는 나의 죽음으로 살되 하나님 자녀
로서 영원히 산다는 것이다."

예수님께서 잠시 말씀을 멈추시고 두 손을 벌리시며,
"너희는 잘 새겨들어야 한다.
이제 내가 하늘의 영광을 받을 때가 되었다.
밀알 하나가 땅에 떨어져 죽지 않으면 그대로 있지만 죽으면 많은 열매를
맺는다.
세상에서 자기 생명을 사랑하는 사람은 그 생명을 잃으며 나와 복음을 위
해 자기 생명을 버리는 사람은 그 생명을 영원히 보존한다.
나를 믿고 따르는 사람은 나와 함께 있을 것이며 내 아버지께서 그를 귀하
게 여기실 것이다."

예수님께서 하늘을 보시며 외치시니,
"아버지! 저는 이 시간이 지나가길 원합니다!
그러나 저는 이 일을 위해 왔으니 저를 통해 아버지의 영광이 드러나게 하
옵소서."

그때 갑자기 하늘로부터 울려 퍼지는 소리가 들렸다.

"내가 이미 내 영광을 드러냈고 또다시 드러낼 것이다!"

그곳에 서 있던 많은 사람이 깜짝 놀라며 하늘을 보고 사방을 두리번 거리며,
"맑은 하늘의 무슨 천둥소리냐!"

"이것은 천사가 저분께 말씀하는 것이다!"

사람들이 큰 소리에 놀라 우왕좌왕하니 예수님께서,
"이 소리가 들린 것은 내가 아닌 너희를 위해서이다.
하나님 영광은 너희가 너희의 죄로 죽는 것이 아니라 내가 너희의 죄로 죽었다가 부활하는 의로 너희가 영원히 사는 것이다."

예수님께서 십자가의 의미를 암시하셨다. 헬라인들은 예수님의 말씀을 깊이 새기며 돌아갔다. 제자들은 예수님께서 거듭 죽음에 대해 말씀하시므로 당황하고 슬퍼서 어찌할 바를 몰랐다. 그들은 예수님께서 죽음을 이기시고 부활하신 후에야 이 말씀의 뜻을 알 수 있었다.

예수님께서 성전을 거니시며 사람들에게 말씀을 전하시니 대제사장 가야바와 그의 장인 안나스 그리고 장로들이 불만스러운 표정으로 예수님께 왔다.

안나스가 가야바를 툭 치니 가야바가 한 걸음 더 나아가서,
"선생님, 무슨 권한으로 성전에서 병 고치고 가르칩니까?

대제사장인 저도 장로들도 허락한 적이 없습니다만….”

 예수님께서 묵묵히 성전 쪽으로 가서서 계단 위쪽에 서시니 사람들이
주목했다.

가야바가 다시 재촉하며,
“선생님, 저희 질문에 대답해 주셨으면 합니다.”

예수님께서 엄하신 표정으로,
“너희가 내 질문에 대답하면 나도 너희 질문에 대답하겠다. 그리하겠느냐?”

가야바가 고개를 끄떡이며,
“저희처럼 합당한 질문을 하시면 바로 대답하겠습니다.”

예수님께서 가야바와 안나스와 장로들을 보시며,
“많은 사람이 세례 요한으로부터 세례를 받았다.
그러나 헤롯은 그 요한을 가두고 죽였다.
그 요한은 하늘로부터 권한을 받아 세례를 준 것이냐,
아니면 요한이 자기 임의로 세례를 준 것이냐?”

안나스와 가야바는 예수님 질문에 당황하여 장로들과 함께 성전 한쪽
구석으로 갔다.

안나스가 작은 소리로,

"저 질문의 대답은 신중해야 하오.

우리가 만일 하늘로부터라고 하면 우리에게 왜 요한 말을 믿지 않았느냐고

할 것이요.

그러나 우리가 만일 사람으로부터라고 하면 많은 사람이 요한을 선지자로

믿고 있으니 우리를 돌로 칠 것이오.

우리는 모른다고 대답해야 하오."

그들이 의견을 모으고 예수님께 왔다.

가야바가 나서며,

"요한의 세례가 하늘로부터인지 사람으로부터인지 저희는 모릅니다…."

예수님께서 엄하신 목소리로,

"너희가 내게 대답하지 않는다면 나도 무슨 권한으로 이런 일을 하는지 대

답하지 않겠다."

예수님께서 주위를 둘러보시며,

"너희는 이 비유는 어떻게 생각하느냐?

아버지가 두 아들에게 포도원에 가서 일하라 하니 첫째는 그렇게 하겠다고

하고 가지 않았고 둘째는 싫다고 하였으나 후에 뉘우치고 가서 일했다.

이 둘 중에 누가 아버지 뜻대로 행했느냐?"

가야바가 주위를 둘러보고 빈정거리며,

"그거야 당연히 둘째입니다."

예수님께서 크신 소리로,
"너희가 손가락질하며 죄인 취급하고 멸시하는 세리들과 창녀들이 너희보다 먼저 천국에 들어가고 있다!"

예수님 말씀에 그곳에 있던 사람들이 불쾌해서 서로 얼굴을 보며 술렁였다.

예수님께서 주위를 둘러보시며,
"너희 제사장들과 장로들은 세례 요한이 천국 가는 의로운 길을 가르칠 때 믿지 않았다!
너희는 세리들과 창기들이 요한 말을 믿고 회개하여 하나님께 돌아오는 것을 보고도 끝내 뉘우치지 않았다!"

예수님 말씀에 대제사장들과 장로들은 분노하며 돌아갔다. 사람들 앞에서 크게 망신당한 대제사장들과 장로들은 어떻게 해서든 예수님을 율법을 어기는 자로 몰고자 궁리했다.

안나스가 자리에서 일어나며,
"우리는 저 예수라는 선생을 율법도 안 지키는 자로 증명하고자 여러 번 시

도했으나 번번이 실패했소.

그러니 이제는 로마법을 어기는 자로 증명해서 로마 법정에 넘겨야 하오."

가야바가 안나스를 보며,

"좋은 생각 같습니다만, 무슨 묘안이라도 있습니까?"

"로마에 세금을 내는 것에 대한 생각을 물어봅시다.

세금을 내는 것이 옳지 않다고 하면 로마 법정에 세우면 되고, 세금을 내는

것이 옳다고 하면 그를 따르던 많은 사람은 떠날 것이오.

그러니 우리는 그 선생으로부터 어떤 대답을 들어도 되지 않겠소!"

가야바가 일어서며,

"참 좋은 의견인 것 같습니다.

그럼 이번에는 누가 그 선생에게 가겠습니까?"

바리새인 라반과 율법사 시므이가 일어서며,

"저희가 가서 무슨 구실이든 꼭 잡겠습니다."

라반과 시므이가 앞장서고 그 뒤를 많은 바리새인과 율법사들과 사두

개인들이 따랐다. 그들이 성전 계단에 앉으셔서 말씀하고 계신 예수님

을 보고 다가갔다.

라반이 예수님께 고개 숙여 인사하며,

"선생님, 마침 여기에 계셨군요.

선생님께 여쭐 질문이 있습니다."

예수님께서 웃으시며,

"그래, 또 무슨 질문을 하려고 왔느냐?"

라반이 두 손을 모으며,

"선생님, 저희는 선생님께서 사람을 외모로 판단하지 않으시고 또 가감 없이 진실하게 하나님 말씀을 가르치신다고 생각합니다."

예수님께서 자리에서 일어나시며,

"허허, 라반아, 내게 무슨 질문을 하고 싶어서 네 마음에도 없는 말을 하느냐?"

라반이 주위에 유대인과 로마 군병이 많이 있는 것을 보며,

"저희가 로마 황제에게 세금을 내는 것이 옳습니까?

아니면 내지 않는 것이 옳습니까?

선생님 의견을 듣고 싶습니다."

예수님께서 엄하신 표정으로,

"너희가 세금으로 내는 은전을 내게 가져와라."

라반이 주머니에서 얼른 은전을 꺼내서 예수님께 드렸다.

예수님께서 은전을 높이 드시고 크신 소리로,
"내가 너희 모두에게 묻는 것이니 잘 들어야 한다!
너희가 세금으로 내는 이 은전에 새겨있는 초상과 글은 누구를 가리키는
것이냐?"

많은 사람이 한목소리로,
"가이사입니다! 로마 황제입니다!"

예수님께서 라반에게 은전을 돌려주시며,
"그렇다면 가이사의 것은 가이사에게 줘라.
그러나 하나님의 것은 하나님께 드려라!"

예수님 대답에서 어떤 흠도 잡을 수 없자 바리새인들과 율법사들은 서
로 얼굴만 쳐다볼 뿐 어찌할 바를 몰랐다.

죽은 자 부활을 안 믿는 사두개인 한 사람이 예수님께,
"선생님, 질문이 있습니다."

예수님께서 웃으시며,
"때가 차니 사두개인 너희도 질문을 다 하는구나.

그래 궁금한 것이 무엇이냐?"

사두개인이 주위를 둘러보며 큰 소리로,

"선생님, 모세는 사람이 자식 없이 죽으면 그 동생이 형수와 자식을 낳아
형의 대를 이어야 한다고 했습니다.

그런데 일곱 형제가 있었습니다.

첫째가 결혼해서 자식이 없이 죽자 둘째가 형수와 결혼했으나 둘째도 자식
없이 죽었습니다.

그리고 셋째부터 일곱째까지 모두 형수와 형의 대를 이으려고 했으나 자식
없이 죽었고 그 여자도 죽었습니다.

일곱 형제가 모두 그 여자와 결혼했었는데 모두가 부활하면 그 여자는 일
곱 형제 중 누구 아내가 되겠습니까?

부활이 사실이라면 참 난감한 일이 되지 않겠습니까?"

예수님께서 사두개인들을 안타깝게 여기시며,

"이 세상 사람들은 장가가고 시집가지만 죽었다가 부활한 사람들은 장가
도 시집도 안 간다.

그들은 천사처럼 되어 다시는 죽을 수 없으니 부활의 자녀로서 하나님 자
녀이기 때문이다.

너희가 부활에 대해 크게 오해하는 것은 성경도 하나님 능력도 모르기 때
문이다."

예수님께서 주위 사람들을 두루 보시며,

"죽은 사람의 부활에 대해 모세도 아브라함의 하나님, 이삭의 하나님, 야곱의 하나님이라고 하지 않았느냐?

하나님께서는 죽은 자가 아니라 산 자의 하나님이시다.

하나님 안에서는 모든 사람이 살아 있다."

예수님 말씀에 바리새인들과 율법사들과 사두개인들은 더는 질문을 못 하고 오히려 감탄하며 돌아갔다. 그들이 돌아가자 제자들이 예수님 가까이 모였다.

베드로가 조심스럽게,

"주님, 조금 전에 가이사의 것은 가이사에게 주고 하나님의 것은 하나님께 드리라고 말씀하셨는데 세금을 내라는 뜻인가요 아니면 내지 말라는 뜻인가요?"

예수님께서 자리에 앉으시며 제자들에게도 자리에 앉으라고 하시고,

"베드로야, 얼마 전에 우리도 고기 입에 물려 있던 은전을 꺼내 세금을 내지 않았느냐?

우리가 이 세상 사는 동안에 세금 내는 것은 당연하다.

그러나 같은 세금을 내면서 한 사람은 세금 내는 돈을 자기 것으로 생각하고 다른 사람은 하나님 것으로 생각한다면 이 두 사람의 믿음은 같다고 할 수 없다.

더욱이 가이사도 하나님 것으로 생각한다면 그 세금을 가이사가 잘 썼는지 잘못 썼는지는 하나님께서 심판하실 문제이다.”

예수님께서 하늘을 보시고 제자들을 보시며 일어나서서,
“믿음의 문은 세상 만물도 사람들도 하나님 것이라고 인정할 때에 비로소 열리기 시작한다.
나는 너희에게 때가 되었으니 회개하고 용서받고 복음 믿어 하나님 자녀가 되라고 했다.
사랑과 은혜의 아버지께서 너희를 위해 보내신 나를 믿는 믿음으로 회개하면 이 세상에는 용서받지 못할 죄가 없다.
천지 만물 모든 것은 하나님 것이므로 하나님께서 용서하시면 그것이 진정으로 영원한 용서가 되기 때문이다!”

제자들이 큰 소리로,
“아멘! 아멘! 아멘!”